Tom Grimm

DAS INOFFIZIELLE KOCHBUCH FÜR Harry Potter Fans

ÜBER 80 ZAUBERHAFT BEBILDERTE KOCH- UND BACK-REZEPTE

HEEL

Meinen Kindern gewidmet,
die mir nach Jahren voller Dunkelheit
den Glauben an Wunder und Magie
zurückgegeben haben.

HEEL Verlag GmbH
Gut Pottscheidt
53639 Königswinter
Tel.: 02223 9230-0
Fax: 02223 9230-13
E-Mail: info@heel-verlag.de
Internet: www.heel-verlag.de

PROJEKTLEITUNG: Hannah Kwella
PROJEKTREDAKTION, TEXTE & REZEPTE: Tom Grimm, Grinning Cat Productions
KREATIVE MITARBEIT & MISE EN PLACE: Katja Böhm
FOODFOTOGRAFIE: Dimitrie Harder & Tom Grimm
GRAFIKDESIGN, SATZ & LAYOUT: Roberts Urlovskis
UMSCHLAGGESTALTUNG: Roberts Urlovskis & Tom Grimm
VORSATZILLUSTRATION: Angelos Tsirigotis

Printed in Latvia

ISBN: 978-3-95843-937-5

Bibliografische Information der Deutschen Nationalbibliothek
Die Deutsche Nationalbibliothek verzeichnet diese Publikation in der Deutschen Nationalbibliografie; detaillierte bibliografische Daten sind im Internet über http://dnb.d-nb.de abrufbar.

Inhalt

Von der »besten Köchin der Welt«

Hogwartser Tafelfreuden

Hagrids Kochversuche

Dobbys Hauselfenküche

Die Todestagsfeier vom Fast Kopflosen Nick

Zauberhaftes aus der Zauberwelt

Altbewährtes aus dem *Drei Besen*

Zaubern für Muggel!

Am 31. Juli 1991, seinem 11. Geburtstag, eröffnet sich dem Waisenkind Harry Potter nicht bloß eine Welt der Wunder und Magie, sondern auch ein ganzes Universum kulinarischer Genüsse!

Nachdem Harry bei den Dursleys, bei denen der »Junge der überlebt hat« seit dem Tod seiner Eltern durch die Hand von Ihr-wisst-schon-wem ungewollt und ungeliebt in einer winzigen Kammer unter der Treppe vor sich hinvegetierte, kaum je einen Bissen von ihrem Tisch gegönnt bekam, sieht er sich mit einem Mal von einem wahren Schlaraffenland an Köstlichkeiten und Leckereien umgeben, wohin er auch kommt. In der Winkelgasse, im Hogwarts-Express, bei den Weasleys, in Gaststätten wie dem *Drei Besen* und dem *Tropfenden Kessel*, im *Honigtopf* und natürlich in der Zauberschule Hogwarts, wo in der Großen Halle zu allen Mahlzeiten üppig gedeckte Tafeln mit den wunderbarsten Speisen darauf warten, die Gaumen der hungrigen Schüler zu erfreuen.

Essen und Trinken spielen in den Harry-Potter-Romanen von J. K. Rowling eine elementare Rolle. Nicht von ungefähr fallen Harry bei seinem ersten Besuch im »Fuchsbau«, dem heimeligen Stammsitz der Familie seines besten Freundes Ron, auf dem Kaminsims »drei Reihen tief vollgepackt mit Büchern« auf, allesamt Kochfibeln mit so vielversprechenden Titeln wie *So zaubern Sie Ihren eigenen Käse, Magie beim Backen* und *Festessen in einer Minute – Das ist Hexerei!* Harry liebt alles, was Mrs. Weasley – für ihn die allerbeste Köchin der Welt – zubereitet. Allerdings zaubert Rons Mutter die köstlichen Gerichte, die sie ihren Lieben serviert, keineswegs aus dem Nichts herbei, wie ihr Sohn fälschlicherweise behauptet. Denn hätte Ron im Unterricht ein bisschen besser aufgepasst, wüsste er, dass das Herbeizaubern von Essen eine der fünf »Wesentlichen Ausnahmen« von »Gamps Gesetz der elementaren Transfiguration« ist, wie Hermine ihm in *Harry Potter und die Heiligtümer des Todes* gelinde genervt erklärt, als er sich über ihre mangelhaften Kochkünste beschwert: »Es ist unmöglich, gutes Essen aus nichts zu machen! Du kannst es herbeirufen, wenn du weißt, wo es ist, du kannst es in etwas anderes verwandeln, du kannst es mehr werden lassen, falls du schon welches hast.« Aber ein Festessen lässt sich nicht einfach so aus der leeren Luft zaubern. Vielmehr ruft man bereits existierende Speisen und Getränke von anderswo herbei, z. B. aus der Schulküche, einem Restaurant oder einem Vorratsschrank. Irgendjemand muss sie bereits zubereitet haben, mit dem nötigen Geschick, nach Rezept und unter Verwendung der dafür erforderlichen Zutaten – also genau wie im wahren Leben!

Was im Übrigen eines der Geheimnisse für den phänomenalen Erfolg von Harry Potter ist, denn so phantastisch die Zauberwelt von Harry, Ron & Co. auch wirken mag, geht es hier letztlich doch nur vordergründig um Magie. Tatsächlich erweist sich das Potter-Versum bei genauerer Betrachtung als geradezu ernüchternd normal. Abgesehen von ihren Zauberkräften sind Harry und seine Freunde letztlich ganz gewöhnliche Teenager mit denselben Sorgen und Nöten wie alle anderen ganz gewöhnlichen Teenager auch: Sie müssen für die Schule büffeln, werden von Mitschülern gemobbt, erleben ihre erste große Liebe und ihren ersten herben Verlust – allesamt Dinge, mit denen sich jeder von uns identifizieren kann.

Hinzu kommt, dass es am Ende weder Zaubersprüche noch Tränke oder irgendwelche magischen Gimmicks sind, die »Dumbledores Armee« über das Böse triumphieren lassen, sondern Freundschaft, Mut, Loyalität und Opferbereitschaft, also grundmenschliche Tugenden, über die wir Muggel im selben Maße verfügen wie die Zauberkundigen in Harrys Welt. Anders ausgedrückt: Abgesehen von sprechenden Filzhüten, freundlichen Riesen mit rosa Regenschirmen, die auf Motorrädern durch die Lüfte knattern, und dem ganzen anderen Zauberkram leben Harry & Co. in genau derselben Welt wie wir, in einem vertrauten Umfeld mit vertrauten Problemen – und mit vertrautem Essen und Trinken, jedenfalls zum größten Teil.

In den HP-Romanen werden sage und schreibe 200 Gerichte beschrieben, vom Frühstück übers Mittag- und Abendessen bis hin zu allen Arten von Snacks und Süßigkeiten, viele davon phantastisch, der Großteil jedoch ausgesprochen irdisch und damit auch für diejenigen unter uns zuzubereiten, die keine Möglichkeit haben, so exotische Zutaten wie Drachenfleisch, Kiemenkraut oder Goldlackwasser zu beschaffen. Über 80 dieser Speisen und Getränke finden sich auf den folgenden Seiten.

Einige dieser Gerichte sind traditionell britischer Natur, und auch, wenn die Engländer in ihrer ruhmreichen Historie fraglos zahlreiche großartige Errungenschaften vorzuweisen haben, so behaupten doch nicht wenige, dass die Kulinarik auf der Insel nicht unbedingt dazugehört. Dementsprechend habe ich mir erlaubt, einige Rezepte in diesem Buch ein wenig an den »deutschen Gaumen« anzupassen. Gleichwohl, vergessen Sie nicht, dass alles, was Sie auf diesen Seiten finden, letzten Endes nichts weiter sind als Denkanstöße, um *Ihre* Kreativität anzuregen. Denn das Großartigste am Kochen – genau wie beim Brauen von Tränken oder beim Ausprobieren neuer Zaubersprüche – ist schließlich das Experimentieren! Genau wie in der magischen Welt gilt auch in der Muggel-Küche: Die einzigen Grenzen, die uns auferlegt sind, sind die unserer eigenen Phantasie.

Der größte Zauber, dessen wir fähig sind – egal, ob Muggel oder Zauberer – ist, andere glücklich zu machen. Und wie ginge das besser, als mit einem legendär leckeren Festtagstruthahn, geschmorten Lammkoteletts, fluffigem Kartoffelstampf, einem herbeigezauberten Apfelstrudel, magischem Roastbeef mit Yorkshire Pudding oder einer köstlichen Gemüse-Frittata, alles runtergespült mit einem zünftigen Butterbier? Sie werden sehen, dass Sie Ihren Lieben damit ein Lächeln aufs Gesicht zaubern – und das ganz ohne Hexerei!

In diesem Sinne: Viel Spaß beim Zaubern!

Tom Grimm

Wie frisch aus dem *Honigtopf*

Der Süßwarenladen *Honigtopf* gehört zu den beliebtesten Geschäften des Zauberdorfs Hogsmeade und wird von den Schülern (und Lehrern!) von Hogwarts regelmäßig regelrecht *geplündert*. Kein Wunder, schließlich sind die Regale randvoll mit allem, was das Herz von Naschkatzen wie Ron begehrt, der seit jeher etliche Sickel und Knuts seines nicht sonderlich üppigen Taschengeldes in Schokofrösche, Zischende Wissbies, Pfefferkobolde und, natürlich, Bertie Botts Bohnen jeder Geschmacksrichtung investiert hat. Hier gibt es etwas für jeden, sogar Lutscher mit Blutgeschmack für Vampire! Selbst die sonst so ernährungsbewusste Hermine kauft dort bisweilen Süßigkeiten, die sogar ihre Zahnarzt-Eltern gutheißen: Zahnweiß-Pfefferminzlakritze! Keine Frage: Der *Honigtopf* ist ein Paradies für Schleckermäuler aller Art!

Kesselkuchen

ZUTATEN
FÜR CA. 10 STÜCK

3 Eier
100 ml Buttermilch
150 ml Naturjoghurt
150 g Mehl
2 EL Vanillezucker
1 Päckchen Backpulver
1 Prise Salz
Olivenöl

Zum Servieren:
Karamellsoße, grob gehackte Walnüsse, Schlagsahne, Früchte der Saison, etc.

1. Die Eier in einer Schüssel zu einer schönen, hellen Schaummasse verquirlen. Die Buttermilch und den Naturjoghurt unterrühren, dann nach und nach das Mehl, den Vanillezucker, das Backpulver und das Salz hinzufügen und unter ständigem Rühren zu einem glatten Teig verarbeiten, der zwar noch dickflüssig, aber schön geschmeidig und gut gießbar ist. 15 Minuten ruhen lassen.
2. Den Backofen auf 80 °C vorheizen.
3. Bei mittlerer Hitze in einer möglichst großen, beschichteten Bratpfanne jeweils ca. 1 TL Olivenöl erwärmen und mit einem Schöpflöffel die gewünschte Teigmenge hineingeben. Wer kleinere Kesselkuchen möchte, verwendet entsprechend weniger Teig. In der Regel passen 3–4 Kesselkuchen in eine Pfanne.
4. Die Kesselkuchen jeweils ca. 2–3 Minuten von beiden Seiten goldbraun ausbacken; dabei regelmäßig mit einem Pfannenheber wenden, sobald sich auf der Oberfläche kleine Bläschen bilden. Wichtig hierbei ist, möglichst wenig Öl zu verwenden und die Kesselkuchen nicht zu heiß werden zu lassen, damit sie schön luftig bleiben!
5. Die fertigen Kesselkuchen auf einen flachen Teller geben, locker mit Alufolie abdecken und zum Warmhalten in den vorgeheizten Ofen stellen. Sind schließlich alle Kesselkuchen fertig, sofort servieren. Dazu z. B. Karamellsoße, grob gehackte Walnüsse, Schlagsahne, Puderzucker oder frische Früchte der Saison reichen.

DOBBYS HAUSELFEN-TIPP: Wer seine Kesselkuchen lieber herzhaft mag, lässt den Zucker und den Vanillezucker einfach weg!

NEYDU

Bertie Botts Bohnen

ZUTATEN
FÜR CA. 400 G BOHNEN IN ALLEN GESCHMACKSRICHTUNGEN

100 ml Wasser zzgl. 2 EL für die Glasur
100 ml Fruchtsirup, nach Wahl
250 g feiner Zucker
8 g gemahlene Gelatine
5 Tropfen Lebensmittelfarbe, nach Wahl
100 g Puderzucker
Kochspray

Außerdem erforderlich:
2 Miniostereier-Silikonformen, Zuckerthermometer

1. 100 ml Wasser, den Fruchtsirup und den Zucker in einen Topf geben und bei niedriger Hitze unter behutsamem Rühren so lange erwärmen, bis sich der Zucker vollständig aufgelöst hat. Dann die gemahlene Gelatine einrühren.
2. Unter ständigem Rühren so lange erwärmen, bis der Zuckersirup eine Temperatur von 110 °C erreicht (ca. 20 Minuten). Hierbei größte Vorsicht walten lassen, da der Sirup sehr heiß ist und Spritzer auf der Haut schwere Verbrennungen verursachen können! Regelmäßig mit einem Thermometer die Temperatur überprüfen!
3. Die Silikonformen großzügig mit dem Kochspray einsprühen.
4. Sobald der Sirup die notwendige Temperatur erreicht hat, die Lebensmittelfarbe in der gewünschten Farbe einrühren und den Zuckersirup gleichmäßig in die Mulden der Silikonformen füllen. Die Oberseiten mit einem Kochspatel glattstreichen, die Formen mit Frischhaltefolie umwickeln und über Nacht trocknen lassen.
5. In einer kleinen Schüssel den Puderzucker mit 2 EL Wasser glattrühren. Die »Eierhälften« aus den Formen lösen. Die »Schnittflächen« der »Eierhälften« mit der Glasur bepinseln, jeweils zwei zusammenkleben und 30 Minuten trocknen lassen.

DOBBYS HAUSELFEN-TIPP: Mit diesem Rezept können Sie Bertie Botts Bohnen in jeder beliebigen Farbe und Geschmacksrichtung herstellen! Alles, was Sie hierfür variieren müssen, sind der verwendete Fruchtsirup und die Lebensmittelfarbe!

Getrocknete Kakerlaken

ZUTATEN
FÜR 10 KAKERLAKEN

10 weiche Datteln, getrocknet

10 TL Erdnussbutter

80 g Zartbitterkuvertüre, grob gehackt

10 Pekannüsse

1. Die getrockneten Datteln vorsichtig einschneiden und vom Kern befreien; dabei darauf achten, dass die Unterseite der Frucht intakt bleibt!
2. Jeweils 1 TL Erdnussbutter in die Mitte der Datteln geben und die Früchte vorsichtig oben zusammendrücken. In den Kühlschrank legen.
3. In einer kleinen, hitzebeständigen Schüssel über einem Topf mit köchelndem Wasser die Zartbitterkuvertüre schmelzen. Die gefüllten Datteln aus dem Kühlschrank nehmen und in die geschmolzene Schokolade tauchen, um die Datteln ringsum damit zu überziehen. Dann jeweils eine Pekannuss auf jede Dattel setzen und diese wieder zurück in den Kühlschrank geben, bis die Schokolade fest geworden ist (ca. 15 Minuten). Bis zum Verzehr kühl lagern.

Butterbier-Fudge

ZUTATEN
FÜR CA. 12 PORTIONEN

25 g Butter
100 ml Malzbier
150 g Zucker
400 g Kondensmilch, gezuckert
1 kräftige Prise Salz

Außerdem erforderlich:
möglichst flache, rechteckige Auflaufform (ca. 23 x 29 cm)

1. Eine Auflaufform so mit Backkapier auslegen, dass das Papier an den Seiten übersteht. Mit etwas von der Butter einfetten.
2. Die übrige Butter, das Malzbier und den Zucker in der Pfanne unter stetem Rühren bei mittlerer Hitze zum Kochen bringen. Die Kondensmilch und das Salz mit einem Schneebesen unterrühren. Mindestens 20 Minuten sanft köcheln lassen; dabei regelmäßig umrühren, damit nichts anbrennt!
3. So lange köcheln lassen, bis die Masse zusehends dickflüssiger wird und die typische Färbung von Karamell annimmt. Hat die Masse schließlich die Konsistenz von cremigem, festerem Honig, vorsichtig in die Auflaufform füllen, die Oberseite glattstreichen und bei Zimmertemperatur vollständig auskühlen lassen (ca. 3–4 Stunden).
4. Vor dem Aufschneiden ca. 20 Minuten ins Gefrierfach geben, damit der Fudge beim Anfassen nicht klebt. Dann vorsichtig aus der Form auf ein Brett stürzen und mit einem großen, scharfen Messer in mundgerechte Stücke schneiden. In einem verschließbaren, luftdichten Behälter lagern.

DOBBYS HAUSELFEN-TIPP: Wer sein Butterbier-Fudge noch ein bisschen »aufpeppen« möchte, gibt einfach einen guten Schuss Rum mit in den Teig!

DROOBLE'S BEST
Blowing Gum
Guaranteed to never lose flavour!

Druhbels bester Blaskaugummi

ZUTATEN
FÜR CA. 200 G KAUGUMMI

120 g Chicle (Naturkaugummi)
20 g Glukosesirup
1 TL Zitronensäure
8–10 Tropfen natürliches Aroma, nach Belieben
36 g Glycerin (aus der Apotheke)
Einige Tropfen blaue Lebensmittelfarbe
140 g gesiebter Puderzucker sowie noch etwas mehr, als Überzug

1. Die Kaugummirohmasse zusammen mit dem Glukosesirup, der Zitronensäure und dem natürlichen Aroma in eine Plastikschüssel geben und bei ca. 1.000 Watt 30 Sekunden in der Mikrowelle erhitzen, alternativ im Wasserbad. Die Mischung dann gründlich verrühren und nochmals 30 Sekunden erwärmen, bis der Naturkaugummi komplett geschmolzen ist.
2. Nun das Glycerin gut unterrühren und die Lebensmittelfarbe einarbeiten, bis die Masse die gewünschte Blaufärbung angenommen hat. Dann den gesiebten Puderzucker dazugeben und mit den Händen so lange verkneten, bis der gesamte Zucker sorgsam eingearbeitet ist. Hierbei nach Möglichkeit Einweg-Handschuhe verwenden, da die Masse überaus klebrig ist.
3. Die Masse auf der Arbeitsfläche ausrollen, jeweils kleine Stücke abnehmen, zu murmelgroßen Kugeln formen und so in Puderzucker wenden, dass die Kaugummis ringsum damit überzogen sind. Wichtig ist, die Kaugummis möglichst zügig zu verarbeiten, da sich die Masse immer schwieriger formen lässt, je mehr sie abkühlt!
4. In einem luftdichten Behältnis lagern. Mehrere Monate lang haltbar.

DOBBYS HAUSELFEN-TIPP: Chicle ist in Deutschland problemlos über das Internet zu beziehen!

9 3/4
HOGWARTS
EXPRESS

Schokofrösche

ZUTATEN
FÜR 6 SCHOKOFRÖSCHE

250 g Zartbitterkuvertüre, fein gehackt
2–3 Tropfen Pfefferminzöl
2–3 Tropfen Vanilleextrakt

Außerdem erforderlich:
Frosch-Pralinenform

1. ⅔ der Schokolade in eine Metallschüssel geben und behutsam unter regelmäßigem Rühren über einem Wasserbad schmelzen. Wichtig dabei: Die Schüssel darf das Wasser nicht berühren! Sobald die Kuvertüre flüssig ist, die Schüssel vom Herd nehmen und das restliche Drittel Schokolade unterrühren, bis sich alles aufgelöst hat. 2–3 Tropfen Pfefferminzöl und 2–3 Tropfen Vanilleextrakt hinzugeben und gründlich verrühren.

2. Die Schokolade nun vorsichtig in die Mulden der Pralinenform füllen und mehrmals behutsam mit einem Löffel gegen die Form klopfen, damit eventuelle Luftbläschen entweichen können. Locker mit Frischhaltefolie abdecken, in den Kühlschrank stellen und fest werden lassen.

3. Die Schokofrösche schließlich behutsam aus der Form lösen und verspeisen, bevor Ron Ihnen und Ihren Lieben zuvorkommt! Denn bekanntlich liebt Harrys bester Freund Schokofrösche über alles!

DOBBYS HAUSELFEN-TIPP: Die Original-Harry-Potter-Schokofrosch-Form kann man problemlos über das Internet beziehen! Sogar inklusive verschiedener Zauberer-Sammelkarten und Faltschachteln, wie man sie aus den Filmen kennt!

Pumpkin
juice

Kürbissaft

ZUTATEN
FÜR CA. 2 L KÜRBISSAFT

500 g Kürbis, grob gewürfelt
200 g Rohrzucker
1,5 l Wasser
1 Päckchen Zitronensäure
10 ml Aprikosenaroma
1 EL Vanilleextrakt
Mineralwasser, mit Kohlensäure (optional)

Außerdem erforderlich:
2 leere Flaschen (á 1 l)

1. Den Backofen auf 175 °C vorheizen. Ein Backblech mit Backpapier auslegen.
2. Die Kürbiswürfel mit Alufolie umwickeln, auf das Blech geben und ca. 20 Minuten im Backofen garen, bis der Kürbis weich ist und sich die Schale leicht vom Fleisch lösen lässt. Das Kürbisfleisch dann in eine Schüssel geben und mit einem Stabmixer fein pürieren.
3. Das Kürbispüree zusammen mit dem Zucker und dem Wasser in einen großen Topf geben. Zum Kochen bringen und bei schwacher Hitze unter ständigem Rühren ca. 20 Minuten köcheln lassen. Die Zitronensäure, das Aprikosenaroma und das Vanilleextrakt unterrühren, alles gut miteinander vermischen und in zwei heiß ausgespülte 1 l-Flaschen füllen. Die Flaschen gut verschließen und im Kühlschrank lagern. Gut gekühlt ist der Kürbissaft 3–4 Tage haltbar.
4. Sollte der Kürbissaft Ihnen zu dickflüssig sein, unmittelbar vor dem Verzehr mit etwas Mineralwasser (mit Kohlensäure) vermischen!

DOBBYS HAUSELFEN-TIPP: Im Gegensatz zu den meisten anderen Kürbissaft-Rezepten ist dieses hier süßlich statt herzhaft und schmeckt am besten gut gekühlt!

Little Whinging
SURREY

Dumbledores Lieblingszitronendrops

ZUTATEN
FÜR CA. 350 G ZITRONENDROPS

Geschmacksneutrales Öl, für die Marmorplatte
300 g Zucker
150 g Traubenzucker
100 ml Wasser
2 TL Ascorbinsäure
15 Tropfen naturreines Zitronenöl
3 Tropfen gelbe Lebensmittelfarbe
1 gute MSP Talkumpulver

Außerdem erforderlich:
Zuckerthermometer, große Marmorplatte (ca. 50 × 35 cm)

1. Die Marmorplatte dünn mit Öl einstreichen.
2. Den Zucker, den Traubenzucker und das Wasser in einen kleinen Topf geben und behutsam bei starker Hitze aufkochen. Hierbei größte Vorsicht walten lassen, da die Zuckermasse sehr heiß ist und Spritzer auf der Haut schwere Verbrennungen verursachen können! Die Temperatur regelmäßig mit einem Zuckerthermometer prüfen und das Gemisch so lange erhitzen, bis 155 °C erreicht sind (ca. 10 Minuten).
3. Ab jetzt sind vier Hände besser als zwei, man arbeitet also am besten zu zweit! Jetzt gilt es, die heiße Zuckermasse gleichmäßig auf die eingefettete Marmorplatte zu gießen; dabei aufpassen, dass nichts am Rand hinunterläuft! Gleichzeitig zügig mit einem Spatel die Masse immer wieder von der Platte lösen und durchkneten. Die Ascorbinsäure, das Zitronenöl und die Lebensmittelfarbe dabei gleichmäßig auf der Zuckermasse verteilen und schnell einarbeiten.
4. Sobald die Bonbonmasse soweit abgekühlt ist, dass man sie gefahrlos anfassen kann, mit den Händen in dünne Stränge ziehen und mit einer Haushaltsschere murmelgroße Stücke abschneiden. Die Drops zusammen mit dem Talkumpulver in einen Gefrierbeutel geben, diesen verschließen und gut durchschütteln, damit die Drops von dem Pulver überzogen sind und nicht aneinanderkleben.
5. In einem luftdicht verschließbaren Behälter aufbewahrt, sind Dumbledores Lieblingszitronendrops 1–2 Monate haltbar.

Eismäuse

ZUTATEN
FÜR 12 EISMÄUSE

100 g Sahne, gut gekühlt
200 g Joghurt
50 g Puderzucker
1 EL Zitronensaft
1 EL Vanilleextrakt

Außerdem erforderlich:
2 6er-Mäuse-Silikonformen

1. Die gut gekühlte Sahne in einer Schüssel halbsteif bzw. cremig schlagen.
2. In einer separaten Schüssel den Joghurt gründlich mit dem Puderzucker, dem Zitronensaft und dem Vanilleextrakt verrühren. Die Sahne unterheben.
3. In die Mulden der Mäuse-Silikonform geben, mit der Rückseite eines Brotmessers allen Überschuss abstreifen, die gesamte Form mit Frischhaltefolie umwickeln und ca. 4–5 Stunden in den Gefrierschrank geben.
4. Aus dem Gefrierschrank nehmen, die Frischhaltefolie entfernen und die Mäuse behutsam aus der Form lösen; die Unterseite der Form hierzu ggf. mit etwas warmem Wasser befeuchten. Sofort servieren.

DOBBYS HAUSELFEN-TIPP: Die Mäuse-Silikonformen bekommen Sie problemlos im Internet!

Kanarienwindbeutel

ZUTATEN
FÜR CA. 10–12
KANARIENWINDBEUTEL

Für den Teig:
125 ml Wasser
25 g Butter
75 g Mehl
15 g Speisestärke
2 Eier
1 MSP Backpulver

Für die Füllung:
400 g Sahne
2 Päckchen Sahnesteif
30 g Puderzucker
1 Päckchen Vanillezucker
Saft von ½ Zitrone
5 Tropfen gelbe Lebensmittelfarbe

1. Den Backofen auf 200 °C Ober-/Unterhitze vorheizen. Ein Backblech mit Backpapier auslegen.
2. Das Wasser mit der Butter in einem kleinen Topf aufkochen. Den Topf vom Herd nehmen. Das Mehl in einer Schüssel mit der Speisestärke vermischen und mit in den Topf geben. Alles zu einem glatten Teig verrühren, dann 1 Minute unter ständigem Rühren erhitzen.
3. Den Teig in eine Rührschüssel geben. Nacheinander die Eier mit einem Mixer mit Knethaken-Aufsatz auf höchster Stufe in den Teig rühren. Dann das Backpulver einarbeiten.
4. Mit einem Spritzbeutel mit großer Sterntülle mit ausreichend Abstand zueinander 10–12 Teighäufchen auf das Backblech geben und ca. 20 Minuten im vorgeheizten Ofen backen. Achtung: Während der Backzeit die Ofentür nicht öffnen, da das Gebäck sonst in sich zusammenfällt!
5. Die Windbeutel nach der Backzeit sofort aus dem Ofen nehmen, mit einem scharfen Messer die »Deckel« abschneiden und das Gebäck auf einem Kuchenrost vollständig abkühlen lassen.
6. Unterdessen die Füllung zubereiten. Hierzu die Sahne in eine Schüssel geben, das Sahnesteif, den Puderzucker, den Vanillezucker, den Zitronensaft und die Lebensmittelfarbe hinzufügen und alles mit einem Handmixer steif schlagen. Sind die Windbeutel schließlich abgekühlt, mit einem Spritzbeutel oder einem Gefrierbeutel mit abgeschnittener Ecke in das Gebäck füllen.

Gummischnecken

ZUTATEN
FÜR 16 GUMMISCHNECKEN

2 Päckchen gemahlene Gelatine
200 ml Fruchtsaft, nach Wahl
1–2 EL Zitronensaft
1 EL Zucker
5 Tropfen Lebensmittelfarbe, nach Wahl (z. B. rot, grün, gelb)

Außerdem erforderlich:
2 8er-Schnecken-Silikonformen

1. Die Gelatine in einen kleinen Topf geben. Den Fruchtsaft hinzufügen und die Gelatine darin 5–10 Minuten einweichen. Dann den Zitronensaft und den Zucker dazugeben.
2. Die eingeweichte Gelatine und den Zucker bei niedriger Hitze unter stetem Rühren vollständig auflösen. 5 Tropfen Lebensmittelfarbe nach Wahl hinzufügen und einrühren. Darauf achten, dass das Ganze nicht kocht, sondern bloß sanft köchelt, da das Geliermittel sonst seine Wirkung verliert und das Fruchtgummi nicht fest wird!
3. Die Masse vorsichtig in die Mulden der Silikonformen geben, glattstreichen, die Formen möglichst fest mit Frischhaltefolie umwickeln und mindestens 1 Stunde zum Abkühlen in den Kühlschrank stellen, am besten über Nacht.
4. Die Gummischnecken aus den Formen lösen und genießen!

DOBBYS HAUSELFEN-TIPP: Die Silikonformen für die Gummischnecken bekommt man am besten im Internet!

Fledermausblutsuppe

ZUTATEN
FÜR 5–6 PORTIONEN

700 g Sauerkirschen (aus dem Glas)
1 EL Speisestärke
600 g gemischte TK-Beeren (z. B. Himbeeren, Brombeeren, Johannisbeeren), aufgetaut
3 EL Zucker
1 Zimtstange
Vanillesoße, nach Belieben

1. Die Kirschen durch ein Sieb abgießen; den Saft auffangen.
2. In einer kleinen Schüssel 3 EL von dem Kirschsaft mit der Stärke verrühren und beiseitestellen. Den übrigen Kirschsaft mit 400 g der aufgetauten TK-Beeren, dem Zucker und der Zimtstange in einen Topf geben, bei mittlerer Hitze aufkochen und so lange unter stetem Rühren köcheln lassen, bis die Beeren langsam auseinanderfallen (ca. 5 Minuten).
3. Den Topf vom Herd nehmen, die Zimtstange entfernen und die Beeren mit einem Pürierstab sorgsam zerkleinern. Soll das Püree möglichst fein sein, durch ein Sieb streichen. Dann wieder zurück in den Topf geben.
4. Die angerührte Stärke nochmals gründlich durchrühren, dann unter das Beerenpüree mischen. Den Topf wieder auf den Herd stellen, das Püree aufkochen und bei geringer Hitze ca. 5 Minuten sanft köcheln lassen; derweil immer wieder umrühren. Schließlich die Sauerkirschen und die restlichen Beeren dazugeben und alles aufkochen. Vom Herd nehmen und die Grütze auf Zimmertemperatur abkühlen lassen. Danach 4 Stunden in den Kühlschrank stellen.
5. Die Fledermausblutsuppe auf Schüsseln oder Dessertschälchen verteilen und warm oder kalt servieren. Dazu am besten Vanillesoße reichen.

Von der Speisekarte des Tropfenden Kessels

Obgleich es auf den ersten Blick so scheint, ist der *Tropfende Kessel* alles andere als ein gewöhnlicher Pub. Denn diese Schenke ist das heimliche Portal zur legendären Winkelgasse, einem Labyrinth wundersamer Läden und Geschäfte, wo man so ziemlich alles bekommt, was das magische Herz begehrt – was in gewisser Weise auch für den *Tropfenden Kessel* gilt. Denn obschon kein allzu einladender Ort, erfreuen sich die Speisen und Getränke, die hier in rustikaler – Hermine würde sagen: schmuddeliger – Atmosphäre feilgeboten werden, seit jeher größter Beliebtheit. Das Butterbier ist ausgezeichnet, und neben traditionellen schottischen Gerichten wie Black Pudding und Shepherd's Pie ist das Lokal vor allem für seine Auswahl an Suppen und Eintöpfen bekannt. Doch Vorsicht, denn so schmackhaft das Essen auch sein mag, der Verzehr kann schädlich für die eigene Gesundheit sein! Nein, nicht wegen der Kalorien oder derlei, sondern weil man seine Erbsensuppe im *Tropfenden Kessel* lieber möglichst zügig genießen sollte – bevor sie den Spieß umdreht und stattdessen *Sie* verspeist!

Heiße Schokolade

ZUTATEN
FÜR 2 PORTIONEN

50 g Sahne
500 ml Milch
2 EL ungesüßter Kakao
1 Päckchen Vanillezucker
80 g Zartbitterschokolade, grob gehackt
1 Handvoll bunte Mini-Marshmallows

1. In einem Rührbecher die Sahne steif schlagen.
2. Die Milch, den ungesüßten Kakao, den Vanillezucker und die gehackte Zartbitterschokolade in einem Topf bei mittlerer Hitze unter beständigem Rühren so lange erwärmen, bis die Schokolade vollständig geschmolzen ist. Dabei unbedingt darauf achten, dass die Milch nicht anfängt zu kochen! Bei Bedarf die Hitze reduzieren.
3. Vom Herd nehmen, 2–3 Minuten abkühlen lassen, dann nochmal gründlich umrühren und auf zwei Becher oder hitzebeständige Gläser verteilen. Jeweils nach Belieben Schlagsahne darauf geben und mit Mini-Marshmallows krönen. Sofort servieren.

Elfenwein

MIT ALKOHOL

ZUTATEN
FÜR 1 DRINK

4 cl Wodka, eisgekühlt

14 cl Schweppes »Russian Wild Berry«, eisgekühlt

1 cl Himbeersirup

Frische Beeren, nach Belieben (optional)

1. Den eisgekühlten Wodka in ein Wein- oder Sektglas geben, mit Schweppes »Russian Wild Berry« aufgießen und den Himbeersirup dazugeben. Behutsam alles miteinander verrühren.
2. Nach Belieben mit frischen Beeren garnieren und sofort servieren.

Schokopudding

ZUTATEN
FÜR 2–3 PORTIONEN

150 g Vollmilchschokolade, grob gehackt
300 ml Milch
200 ml Sahne
1 EL Kakao
1 EL Zucker
30 g Speisestärke
1 Eigelb
1 Prise Salz
Frische Physalis, als Garnitur (optional)

1. In einem Topf bei schwacher Hitze unter stetem Rühren die gehackte Schokolade mit 200 ml Milch und 100 ml Sahne erwärmen. So lange umrühren, bis sich die Schokolade vollständig aufgelöst hat.
2. In einer separaten Schüssel mit einem Schneebesen die übrige Milch und die restliche Sahne mit dem Kakao, dem Zucker, der Speisestärke, dem Eigelb und dem Salz verquirlen. Anschließend mit dem Schneebesen in die Schokoladenmilch einrühren und ca. 3–4 Minuten unter beständigem Rühren köcheln lassen bzw. so lange, bis der Pudding merklich eindickt.
3. Den Pudding dann in eine große oder mehrere kleine Schüsseln füllen, nach Belieben mit frischen Physalis garnieren und warm oder kalt genießen.

H
NUNQUAM
TITILLANDUS

Butterbier

ZUTATEN
FÜR 4 BUTTERBIERE

1 EL Butter
2 EL Rohrzucker
1 Vanilleschote
500 ml Milch
100 ml Sahne
1 EL Zimt
½ EL Kakaopulver
½ Päckchen Vanillezucker
250 ml Malzbier

1. In einem Topf bei niedriger Hitze die Butter schmelzen. Den Rohrzucker hinzufügen und unter ständigem Rühren leicht karamellisieren lassen.
2. Die Vanilleschote mit einem scharfen Messer der Länge nach aufschneiden und das Mark herauskratzen. Die ausgekratzte Schote und das Vanillemark mit der Milch, der Hälfte der Sahne, dem Zimt, dem Kakaopulver und dem Vanillezucker in den Topf geben. Alles gründlich vermengen und kurz köcheln lassen. Den Topf dann vom Herd nehmen und das Malzbier einrühren.
3. Das Butterbier noch einmal kurz erwärmen, aber keinesfalls kochen, da sich sonst Flöckchen bilden! Vom Herd nehmen und etwas abkühlen lassen.
4. Derweil die restliche Sahne steif schlagen. Das warme Butterbier in hitzebeständige Gläser füllen und jeweils mit einem Löffel Schlagsahne krönen. Sofort servieren.

Three
Broomsticks

Schottische Eier

ZUTATEN
FÜR 4 SCHOTTISCHE EIER

6 Eier
250 g Thüringer Mett
1 Zwiebel, fein gehackt
1 EL Senf, mittelscharf
1 TL Muskatnuss
Frisch gemahlener schwarzer Pfeffer
Etwas Paniermehl
Etwas Weizenmehl
Pflanzenöl, zum Frittieren (je nach Topfgröße)

1. In einem mittelgroßen Topf Wasser zum Kochen bringen. Vier der Eier nacheinander hineingeben und 8–10 Minuten hartkochen. Das Wasser abgießen, die Eier in einem Eisbad abschrecken und pellen. Beiseitestellen.
2. Das Hackfleisch in eine Schüssel geben. Die Zwiebelwürfel, eins der übrigen beiden Eier, den Senf und die Muskatnuss dazugeben und nach Belieben mit Pfeffer würzen. Mit den Händen alles gründlich vermischen.
3. Jedes der geschälten Ei vollständig mit einem Viertel der Hackfleischmasse umhüllen; das Hack dabei gut andrücken.
4. Das Paniermehl und das Weizenmehl jeweils in einen separaten tiefen Teller geben. Auf einem weiteren Teller das letzte Ei verquirlen. Die mit Hackfleisch umhüllten Eier zuerst im Mehl, dann im Ei und zuletzt im Paniermehl wenden. Dabei darauf achten, dass sie gleichmäßig von der Panierung überzogen sind.
5. Das Frittieröl in einen hohen Topf geben und bei starker Hitze auf 160 °C erwärmen. Um zu testen, ob das Öl heiß genug ist, probeweise eins der panierten Eier hineingeben; wenn zischend Bläschen aufsteigen, ist das Fett bereit. Dann die Eier mit ausreichend Abstand zueinander (ggf. in zwei Chargen) ca. 4–5 Minuten knusprig frittieren; dabei hin und wieder das Öl umrühren.
6. Die fertig frittierten Eier mit einem Schaumlöffel auf dem Topf nehmen und auf einen mit Küchenpapier ausgelegten Teller geben, damit das überschüssige Fett abtropfen kann. Warm oder kalt servieren, z. B. mit »Fluffigem Kartoffelstampf mit brauner Soße« (S. 102).

Black Pudding

ZUTATEN
FÜR 4 PORTIONEN

600 g kleine Frühkartoffeln (festkochend)
500 g frische Grützwurst, vom Metzger
1 EL Butterschmalz
2 Zwiebeln, fein gehackt
Salz, frisch gemahlener schwarzer Pfeffer
½ TL Nelkenpulver
2 EL Butter
2–3 Zweige Thymian, gezupft, fein gehackt
Etwas frischer Schnittlauch, fein gehackt
Senfgurken, nach Belieben

1. Die Kartoffeln waschen, schälen und in einem großen Topf in stark gesalzenem Wasser ca. 15–20 Minuten bei mittlerer Hitze vorgaren. Abgießen und die Kartoffeln fürs Erste beiseitestellen.
2. Den Backofen auf 120 °C vorheizen.
3. Die Grützwurst pellen und in ca. 2–3 cm dicke Scheiben schneiden.
4. In einer großen Pfanne das Butterschmalz schmelzen und die Zwiebeln darin glasig dünsten. Die Wurstscheiben dazugeben und bei mittlerer Hitze von beiden Seiten scharf anbraten (jeweils ca. 2 Minuten); dabei möglichst selten wenden, damit die Grützwurst nicht auseinanderfällt. Kräftig mit Salz, frisch gemahlenem schwarzem Pfeffer und einer Winzigkeit Nelkenpulver würzen. Anschließend aus der Pfanne nehmen, auf einen Teller geben, locker mit Alufolie abdecken und bis zum Servieren im vorgeheizten Backofen warmstellen.
5. Die Butter in die Pfanne geben, die Hitze auf groß erhöhen und die vorgegarten Kartoffeln mit dem Thymian von allen Seiten goldbraun anbraten. Kräftig mit Salz und Pfeffer würzen, mit frischem Schnittlauch bestreuen und zusammen mit den Grützwurstscheiben und den Senfgurken servieren.

Shepherd's Pie

ZUTATEN
FÜR 4–5 PORTIONEN

600 g mehligkochende Kartoffeln, grob gewürfelt
4 EL Öl
2 Zwiebeln, fein gehackt
800 g Hackfleisch vom Lamm
2 EL Tomatenmark
300 ml Rinderfond
200 g TK-Erbsen und -Karotten
Salz, frisch gemahlener schwarzer Pfeffer
1 EL Paprikapulver (edelsüß)
40 g Butter, in Stücken, zzgl. noch etwas mehr, zum Einfetten der Auflaufform
200 ml Milch
1 kräftige Prise Muskatnuss
Etwas frisch gehackte Petersilie

Außerdem erforderlich:
Auflaufform (ca. 25 x 19 cm)

1. In einem großen Topf bei mittlerer Hitze stark gesalzenes Wasser erwärmen. Die Kartoffelwürfel hineingeben und 20 Minuten kochen bzw. so lange, bis sie gar sind.
2. In der Zwischenzeit das Öl bei mittlerer Hitze in einer Pfanne erwärmen und die Zwiebeln glasig anschwitzen. Dann das Lammhack dazugeben und ringsum goldbraun und bröselig anbraten. Das Tomatenmark einrühren, mit dem Rinderfond aufgießen und die TK-Erbsen und -Karotten hinzufügen. Alles gut verrühren und mit Salz, Pfeffer und Paprikapulver würzen. Unabgedeckt unter stetem Rühren 10 Minuten köcheln lassen.
3. Derweil den Backofen auf 200 °C vorheizen.
4. Die gegarten Kartoffeln abgießen, die Butterstücke hineingeben und die Kartoffeln möglichst fein zerstampfen. Die Milch hinzufügen, kräftig mit Pfeffer, Salz und Muskatnuss würzen und cremig rühren.
5. Eine Auflaufform mit Butter einfetten, die Hackfleisch-Gemüse-Mischung hineingeben und gleichmäßig in der Form verteilen. In einer Schicht den Kartoffelbrei darauf verteilen, glattstreichen, locker mit Alufolie abdecken und 30 Minuten in den vorgeheizten Ofen geben. 5 Minuten vor Ablauf der Zeit die Alufolie entfernen, damit die Oberseite etwas Farbe und eine leichte Kruste bekommt.
6. Den Auflauf aus dem Ofen nehmen, kurz abkühlen lassen, mit frisch gehackter Petersilie bestreuen und in der Form servieren.

Erbsensuppe

ZUTATEN
FÜR 6–8 PORTIONEN

2 EL Schweineschmalz

2 Zwiebeln, fein gehackt

1 Bund Suppengemüse (Sellerie, Karotte, Lauch), fein gehackt

300 g Kasselernacken, grob gewürfelt

8 mittelgroße Kartoffeln (mehligkochend), geschält und fein gewürfelt

1 l Gemüsebrühe

500 ml Wasser

800 g TK-Erbsen

Salz, Pfeffer, Selleriesalz, Liebstöckel, Majoran, nach Belieben

1 großer Spritzer Apfelessig

Etwas frische Petersilie, fein gehackt

1. Das Schweineschmalz in einem großen Topf bei mittlerer Hitze schmelzen. Die Zwiebeln darin glasig dünsten. Das gehackte Suppengemüse hinzufügen und anschwitzen. Nach 2–3 Minuten den Kasselernacken dazugeben, wiederum 2–3 Minuten später die Kartoffeln. Mit der Gemüsebrühe ablöschen, mit dem Wasser aufgießen und die TK-Erben dazugeben. Ohne Deckel 30 Minuten köcheln lassen.

2. Mit einem Kartoffelstampfer die Suppe grob stampfen. Mit Salz, Pfeffer, Selleriesalz, Liebstöckel und Majoran abschmecken. Einen kräftigen Spritzer Apfelessig dazugeben und die frisch gehackte Petersilie unterrühren.

DOBBYS HAUSELFEN-TIPP: Wie die meisten Suppen schmeckt auch diese besonders gut, wenn sie Zeit hatte, in Ruhe durchzuziehen. Also am besten bereits am Vorabend zubereiten und am nächsten Tag einfach nochmal kurz aufwärmen!

Leckeres aus dem Ligusterweg

Seit dem tragischen Tod seiner Eltern wohnt Harry bei den Dursleys im Ligusterweg Nr. 4 in Little Whinging, anfangs in einem winzigen, düstern Verschlag unter der Treppe, später in einer winzigen, düsteren Kammer im Obergeschoss. Im Gegensatz zu ihm sind seine Tante Petunia, sein Onkel Vernon und sein völlig verhätschelter Vetter Dudley stinknormale, kleinbürgerliche Muggel, und wie die meisten stinknormalen, kleinbürgerlichen Muggel haben sie mit Zauberei nichts am Hut – im Gegenteil! Vor allem Onkel Vernon will mit »diesem ganzen elenden Hokuspokus« nichts zu tun haben. Um zu verhindern, dass ihre hochnotpeinlichen Verbindungen zur Zauberwelt auffliegen und sie sich zum »Gespött der ganzen Nachbarschaft« machen, erzählt Onkel Vernon z. B. überall herum, Harry ginge aufs St. Brutus, ein Internat für unheilbar kriminelle Jugendliche, und auch sonst lassen die Dursleys keine Gelegenheit aus, dem Jungen das Leben zur Hölle zu machen. Sogar als weltberühmter Zauber kann man sich seine Verwandtschaft nun einmal nicht aussuchen. Doch ganz gleich, was man von dieser grässlichen Familie auch halten mag, eines muss man Tante Petunia lassen: Kochen kann sie!

Tante Petunias Windtorte

ZUTATEN
FÜR 1 WINDTORTE
(CA. 10 PORTIONEN)

Für die Meringue-Platten:
8 Eiweiß
2 EL Zitronensaft
1 Prise Salz
350 g Zucker

Für die Füllung:
300 g kalte Schlagsahne
1 EL Vanillezucker
1 Päckchen Sahnesteif
500 g gemischte frische Beeren (z. B. Brombeeren, Himbeeren, Johannisbeeren)

Für die Creme:
400 g kalte Schlagsahne
4 EL Zucker
2 Päckchen Sahnesteif
Einige Tropfen lila Lebensmittelfarbe
Einige Tropfen grüne Lebensmittelfarbe

Kandierte Kirschen, als Garnitur

Außerdem erforderlich:
14 lila Dekorblüten aus Fondant oder Marzipan

1. Den Backofen auf 100 °C vorheizen.
2. Ein Stück Backpapier auf der Arbeitsfläche ausbreiten und mit einem Stift einen Kreis mit 20 cm Durchmesser und drei Kreise mit jeweils 15 cm Durchmesser auf das Papier zeichnen. Mit den Markierungen nach oben auf zwei Backbleche legen und beiseitestellen.
3. In einer Schüssel mit einem Handrührgerät bei mittlerer Geschwindigkeit das Eiweiß schlagen. Dann den Zitronensaft und das Salz hinzufügen und langsam, nach und nach, den Zucker dazugeben. So lange weiter aufschlagen, bis sich steife Spitzen bilden. Die Meringue-Masse nun in einen Spritzbeutel mit großer Lochtülle geben und damit gleichmäßig die Kreise ausspritzen, die Sie auf das Backpapier gezeichnet haben.
4. In den Ofen geben und mindestens 1 Stunde backen bzw. so lange, bis die Meringue fest geworden ist und sich leicht vom Backpapier lösen lässt.
5. In einer Schüssel die Sahne mit dem Handrührgerät schlagen. Sobald die Sahne schaumig wird, den Vanillezucker und das Sahnesteif einstreuen und weiter schlagen, bis sich steife Spitzen bilden. Dann die Beeren einrühren, mit Frischhaltefolie abdecken und bis zur Verwendung in den Kühlschrank stellen. In einer weiteren Schüssel bei mittlerer Geschwindigkeit die Schlagsahne schlagen. Sobald die Sahne schaumig wird, den Zucker und das Sahnesteif einstreuen und weiter schlagen, bis sich steife Spitzen bilden. Dann ¾ der Schlagsahne abnehmen und in einer separaten Schüssel mit einigen Tropfen Lebensmittelfarbe lila einfärben. Den Rest der Schlagsahne minzgrün färben. Die gefärbte Sahne jeweils in einen Spritzbeutel mit mittelgroßer Sterntülle geben.
6. Die größere Meringue-Scheibe auf einen Servierteller oder eine runde Kuchenplatte legen. Etwas von der Fruchtfüllung in die Mitte geben und gleichmäßig verstreichen; dabei ca. 5 cm bis zum Rand freilassen. Eine der kleineren Meringue-Scheiben darauflegen, wiederum etwas von der Füllung darauf verstreichen und erneut einen 5 cm breiten Rand freilassen. Dieses Prozedere wiederholen und mit der letzten Meringue-Scheibe abschließen.
7. Mit den Spritzbeuteln mit der grünen und der lilafarbenen Creme abwechselnd in regelmäßigen Abständen große Rosetten auf den Rand der Torte spritzen. So den Rand jeder Tortenebene verzieren. Die Oberkante mit einer durchgängigen Umrandung aus lila Creme versehen. Die kandierten Kirschen in der untersten und obersten Ebene anbringen und die Torte ringsum mit den violetten Dekorblüten verzieren (siehe Bild).

under th
Sta
rive,
ivet
Little W
nging
SURRE

Herzhafte Mulligatawny-Currysuppe

ZUTATEN
FÜR 4 PERSONEN

1 Bund Suppengemüse (Sellerie, Karotten, Lauch), fein gewürfelt
2 EL Olivenöl
20 g Madras-Curry
20 g milde Currypaste
850 ml Hühnerbrühe
250 ml Kokosmilch zzgl. noch etwas mehr, als Garnitur
Etwas Zitronengras
10 g Sambal Oelek
60 g Mango-Chutney
Etwas Speisestärke (optional)
Pfeffer, Salz
160 g Hähnchenbrust
30 g Mu-Err-Pilze, eingeweicht

1. Das gewürfelte Suppengemüse in einem großen Kochtopf bei mittlerer Hitze mit etwas Olivenöl farblos anschwitzen. Das Madras-Curry und die Currypaste dazugeben, mit der Hühnerbrühe und der Kokosmilch aufgießen und 15 Minuten sanft köcheln lassen.
2. Das Zitronengras am unteren, dicken Ende plattklopfen und mit in die Suppe geben. 2–3 Minuten köcheln lassen. Dann mit dem Sambal Oelek, dem Mango-Chutney und etwas Salz abschmecken. Im Anschluss durch ein Sieb in einen sauberen Topf passieren, nochmals kurz aufkochen und bei Bedarf mit etwas angerührter Speisestärke binden, um der Suppe die gewünschte Konsistenz zu verleihen.
3. Die Hähnchenbrüste kleinwürfeln, mit Salz und Pfeffer würzen und mit etwas Öl 2–3 Minuten in einer heißen Pfanne schwenken, bis das Fleisch rundum Farbe angenommen hat. Mit den eingeweichten (abgegossenen) Mu-Err-Pilzen in eine Suppentasse oder einen tiefen Teller geben, mit heißer Suppe auffüllen, einen Klecks Kokosmilch darauf geben und sofort servieren.

Früchtebrot

MIT ALKOHOL

ZUTATEN
FÜR 1 FRÜCHTEBROT

750 g Äpfel, geschält und gehobelt
650 g Trockenobst, nach Wahl (z. B. Feigen, Rosinen, Datteln, Aprikosen), grob gehackt
250 g brauner Zucker
150 g Nüsse, geröstet und fein gehackt
2 TL Lebkuchengewürz
1 Prise Salz
½ EL Kakaopulver
60 ml Rum
Etwas Butter
400 g Mehl zzgl. noch etwas mehr für die Backform
1 Päckchen Backpulver

Außerdem erforderlich:
Kastenform (ca. 12 x 30 cm)

1. Die Äpfel, das Trockenobst, den Zucker, die Nüsse, das Lebkuchengewürz, das Salz und das Kakaopulver in eine große Schüssel geben und gründlich miteinander vermengen. Den Rum hinzufügen, gut einmischen, die Schüssel fest mit Frischhaltefolie abdecken und über Nacht ziehen lassen.
2. Den Backofen auf 180 °C Ober-/Unterhitze vorheizen. Eine Kastenform mit etwas Butter einfetten und mit Mehl bestäuben.
3. In einer Schüssel 400 g Mehl mit dem Backpulver vermischen, in die Trockenobst-Rum-Masse einrühren und alles zu einem geschmeidigen Teig verarbeiten. Diesen in die Kastenform füllen, die Oberseite glattstreichen und ca. 70–80 Minuten im vorgeheizten Ofen backen.
4. Anschließend aus dem Ofen nehmen, 15 Minuten in der Form abkühlen lassen und erst dann auf ein Schneidebrett stürzen. In fingerdicke Scheiben schneiden. Süß oder herzhaft genießen.

DOBBYS HAUSELFEN-TIPP: Das Früchtebrot schmeckt am besten, wenn man es, sobald es abgekühlt ist, fest in Frischhaltefolie einwickelt und mindestens einen Tag durchziehen lässt!

Zitronen-Meringue-Tarte

ZUTATEN
FÜR 1 TARTE

100 g Mehl
1 Prise Salz
30 g Puderzucker
60 g kalte Butter
1 Eigelb
1 TL Vanilleextrakt

Für die Füllung
Saft von 3 kleinen Zitronen (ca. 125 ml)
100 g Zucker
90 g Butter
Abrieb einer Zitrone
2 Eier
15 g Speisestärke

Für die Meringue
2 Eiweiß, kalt
1 Prise Salz
100 g Zucker

Außerdem erforderlich:
rechteckige Tarteform (35 cm x 11cm), ca. 500 g getrocknete Erbsen oder andere Blindback-Gewichte

1. Den Backofen auf 180 °C vorheizen.
2. Das Mehl, das Salz und den Puderzucker in einer Schüssel vermischen. Die Butter, das Eigelb und das Vanilleextrakt dazugeben und alles mit den Knethaken einer Küchenmaschine zu einem glatten Teig verarbeiten. Den Teig ein bisschen flach drücken, fest in Frischhaltefolie wickeln und mindestens 1 Stunde im Kühlschrank ruhen lassen.
3. Die Backform mit Butter einfetten und leicht mit Mehl bestäuben. Ein Stück Backpapier so zuschneiden, dass es etwas größer als die Backform ist.
4. Den Teig auf einer leicht mit Mehl bestreuten Arbeitsfläche rechteckig dünn ausrollen. Dann vorsichtig mit dem Nudelholz aufrollen und über der Tarteform wieder abrollen. Den Teig in die Form drücken, gegen die Seiten pressen und mit einer Gabel ein paarmal einstechen. Überstehenden Teig wegschneiden.
5. Den Teig blindbacken; dazu die getrockneten Erbsen oder die Backgewichte auf dem Backpapier in die Form geben und den Teig auf unterster Schiene ca. 20 Minuten backen. Dann aus dem Ofen nehmen, die Gewichte und das Backpapier entfernen und den Tarteboden in der Form auf einem Kuchengitter vollständig abkühlen lassen. In der Zwischenzeit die Zitronenfüllung zubereiten.
6. Hierzu den Zitronensaft mit dem Zucker, der Butter und dem Zitronenabrieb bei niedriger Hitze in einem kleinen Topf erwärmen. Beiseitestellen und ca. 30 Minuten abkühlen lassen. Währenddessen die Eier in einer Schüssel verquirlen. Das abgekühlte Zitronensaft-Gemisch dann erneut unter stetem Rühren erwärmen.
7. 3 EL warmen Zitronensaft mit der Speisestärke gründlich in einer kleinen Schüssel vermischen und dann dem restlichen Zitronensaft hinzufügen. Alles gut verrühren. Anschließend unter ständigem Rühren zu den verquirlten Eiern geben, wieder in den Kochtopf füllen und bei schwacher Hitze unter stetem Rühren so lange köcheln lassen, bis eine dickflüssige Creme entsteht. Diese gleichmäßig auf den Teigboden streichen.
8. Das kalte Eiweiß in einer trockenen Schüssel mit einer Prise Salz mit dem Schneebesen eines Handrührgerätes zu Eischnee aufschlagen. Nun unter ständigem Schlagen nach und nach den Zucker in die Masse rieseln lassen und gründlich einarbeiten. Die Meringue-Masse so lange weiterschlagen, bis sich der Zucker vollständig aufgelöst hat und eine feste, glänzende Creme entstanden ist, die steife Spitzen bildet.
9. Die Meringue-Masse in einen Spritzbeutel füllen und auf der Zitronentarte aufbringen. Die Tarte dann einige Minuten ins obere Drittel des Ofens geben und bei eingeschalteter Grillfunktion so lange backen, bis die Meringue karamellisiert und goldbraun geworden ist. Aus dem Ofen nehmen, abkühlen lassen und servieren.

Pochierter Lachs mit Honig-Senf-Dill-Soße

**ZUTATEN
FÜR 4 PORTIONEN**

Für den Lachs:

500 ml Weißwein
500 ml Fischfond
1 Schalotte, geschält und halbiert
Saft von 1 Zitrone
1 EL Pfefferkörner
4 Lachssteaks (à ca. 150 g)
2 EL Olivenöl
Etwas Meersalz

Für die Honig-Senf-Dill-Soße:

4 EL Honig
6 EL Senf (mittelscharf)
2 TL Zitronensaft, frisch gepresst
2 TL neutrales Öl
3 EL frischer Dill, fein gehackt

Den Lachs zubereiten:

1. Den Weißwein und den Fischfond in einem möglichst großen Topf (die Lachssteaks sollen nebeneinander Platz haben) bei mittlerer Hitze erwärmen. Die halbierte Schalotte, den Zitronensaft und die Pfefferkörner hineingeben und 5 Minuten köcheln lassen.
2. Die Hitze auf niedrig reduzieren. Die Lachssteaks kalt abspülen, mit Küchenpapier trockentupfen, in den Sud legen und zugedeckt 6 Minuten ziehen lassen. Den Fisch anschließend mit einer Schaumkelle herausnehmen, mit etwas Olivenöl beträufeln, mit ein wenig Meersalz bestreuen und zusammen mit der Honig-Senf-Dill-Soße servieren (siehe unten). Dazu passen wunderbar Salzkartoffeln.

Die Honig-Senf-Dill-Soße zubereiten:

3. In einer kleinen Schüssel den Honig, den Senf und den Zitronensaft miteinander verrühren. Das neutrale Öl unterrühren, den fein gehackten Dill dazugeben, alles gut durchmischen und mindestens 15 Minuten ziehen lassen, nach Möglichkeit länger. Vor dem Servieren nochmals gut durchrühren.

Knickerbocker Glory

ZUTATEN
FÜR 1 PORTION

50 g Sahne

Schokoladensirup, nach Belieben

3 Kugeln Vanilleeis

2 halbe Pfirsiche (aus der Dose), abgetropft

2 EL Himbeerpüree

Frische Früchte der Saison, z. B. Himbeeren

1 frische Kirsche oder Maraschinokirsche

Bunte Streusel, nach Belieben

Außerdem erforderlich:
hoher Eisbecher, langer Eislöffel

1. Die Sahne in einem Rührbecher steif schlagen.
2. Etwas Schokoladensirup unten in einen hohen Eisbecher füllen. Eine Kugel Vanilleeis darauf geben, dann eine halben Pfirsich, einen EL Himbeerpüree und wieder etwas Schokosirup, gefolgt von der zweiten Eiskugel und der zweiten Pfirsichhälfte. Nun das restliche Himbeerpüree darübergießen, die letzte Eiskugel darauf geben und mit frischen Früchten der Saison garnieren.
3. Die Schlagsahne darauf häufen, mit einer einzelnen (möglichst frischen) Kirsche krönen und nach Belieben mit bunten Streuseln bestreuen. Mit einem langen Eislöffel servieren.

Schweinelende mit Apfelglasur und Pfirsich

**ZUTATEN
FÜR 4 PERSONEN**

4 Filetspitzen vom Schweinefilet (ca. 200 g pro Stück)
2 EL Thymian, getrocknet
1 Knoblauchzehe, fein gehackt
2 EL Salzflocken
Frisch gemahlener schwarzer Pfeffer
50 ml Pfirsichsaft
100 ml Olivenöl
8 Pfirsichhälften (aus der Dose)

Für die Apfelglasur:
100 g Apfelkraut (aus dem Glas)
1 EL Salz
1 EL Senf (mittelscharf)
2 EL Butter
5 EL Apfelessig

1. Die Filetspitzen sorgsam von Silberhaut und überschüssigem Fett befreien. Die getrockneten Thymianblätter von den Zweigen zupfen und mit einem Messer fein hacken. Den Thymian in einer kleinen Schüssel mit dem Knoblauch, den Salzflocken, dem frisch gemahlenen schwarzen Pfeffer und etwas Saft von den Dosenpfirsichen vermengen. Das Olivenöl dazugeben, sorgsam mit allem übrigen verrühren und zusammen mit den Filetspitzen in einen luftdicht verschließbaren Frischhaltebeutel geben. Das Fleisch so mit der Marinade massieren, dass es ringsum davon bedeckt ist. In den Kühlschrank geben und mindestens 2 Stunden ruhen lassen, am besten aber über Nacht.

2. Das Apfelkraut in einen Topf geben und bei niedriger Hitze unter ständigem Rühren flüssig werden lassen. Das Salz, den Senf, die Butter und den Essig hinzufügen und alles gut miteinander verrühren. Ca. 8–10 Minuten sanft köcheln lassen. Vom Herd nehmen.

3. Das Schweinefilet ca. 20 Minuten vor dem Anbraten aus dem Kühlschrank nehmen. Den Backofen auf 150 °C vorheizen. Ein Backblech bereitstellen.

4. Bei mittlerer Hitze eine große Pfanne erwärmen und die Schweinefilets samt Marinade hineingeben. Kurz scharf anbraten, dann wenden. Die Oberseite großzügig mit der Apfelglasur bestreichen. Nach 1 Minute wieder wenden und die andere Seite mit der Glasur bestreichen. Diesen Vorgang noch zweimal wiederholen. Die Schweinefilets dann fest in Alufolie einwickeln und im vorgeheizten Ofen 10 Minuten garziehen. Dabei nach Möglichkeit mit einem Grillthermometer die Kerntemperatur messen. Bei 70 °C ist das Fleisch medium.

5. Aus dem Ofen nehmen und in der Alufolie 5 Minuten ruhen lassen. Dann behutsam auswickeln, nochmal von beiden Seiten mit etwas Glasur bestreichen und zusammen mit den Pfirsichhälften anrichten. Sofort servieren.

Von der »besten Köchin der Welt«

Molly Weasley, die Mutter seines besten Freundes Ron, ist für Harry die »beste Köchin der Welt«. Und das aus gutem Grund! Nicht von ungefähr fallen ihm bei seinem allerersten Besuch im »Fuchsbau«, dem heimeligen Stammsitz der Familie, auf dem Kaminsims »drei Reihen tief vollgepackt mit Büchern« auf, allesamt Kochfibeln mit so vielversprechenden Titeln wie *So zaubern Sie Ihren eigenen Käse*, *Magie beim Backen* und *Festessen in einer Minute – Das ist Hexerei!* Harry liebt alles, was Mrs. Weasley zubereitet, die zu jeder Tages- und Nachtzeit alle möglichen herzhaften Speisen parat hat, die Leib und Seele gleichermaßen wärmen. Auch ihr traditionelles Weihnachtspaket erfreut sich bei den Jungs größter Beliebtheit, da es neben unglaublich hässlichen Pullovern auch jede Menge unglaublich schmackhafte Köstlichkeiten enthält, wie z. B. Ingwerkekse, Kürbispasteten, Mince Pies und Mrs. Weasleys legendären – und legendär leckeren! – Weihnachtskuchen. Da macht das »Fest der Liebe« gleich doppelt so viel Freude!

Corned Beef-Sandwich

ZUTATEN
FÜR 4 PERSONEN

½ rote Zwiebel, fein gehackt
4 EL Remouladensoße
1 TL Meerrettich
1 TL Worcestersoße
3 EL Tomatenketchup
8 Scheiben oder 1 kleine Dose Corned Beef (ca. 250 g)
200 g Sauerkraut, abgetropft
8 Scheiben Bauernbrot
Butter
Etwas Blattsalat, gewaschen
4 Scheiben Käse
Salz, Pfeffer, Tabascosoße

1. In einer kleinen Schüssel die gehackte Zwiebel mit der Remoulade, dem Meerrettich, der Worcestersoße und dem Ketchup verrühren.
2. Das Corned Beef in dünne Scheiben schneiden und das Sauerkraut etwas zerrupfen.
3. Den Backofen auf 200 °C vorheizen.
4. Jede Brotscheibe mit etwas Butter bestreichen. Die Hälfte der Brotscheiben jeweils mit einem großen Blatt Salat, etwas Sauerkraut, zwei Scheiben Corned Beef und dem Käse belegen. Mit Salz und Pfeffer würzen und nach Belieben etwas Tabascosoße darauf verteilen. Schließlich je eine zweite gebutterte Brotscheibe darauflegen.
5. Die Sandwiches in Alufolie einwickeln und ca. 10–15 Minuten im vorgeheizten Ofen backen. Der Käse soll zerlaufen und das Brot an den Rändern knusprig sein. Vor dem Servieren etwas abkühlen lassen!

Apfelkuchen

ZUTATEN
FÜR 1 KUCHEN

125 g Butter zzgl. noch etwas mehr zum Einfetten der Backform
125 g Zucker
2 Eier
Schale von ½ Zitrone
1 Prise Salz
200 g Weizenmehl
2 TL Backpulver
2 EL Milch
600 g Äpfel, geschält und geviertelt
Puderzucker, nach Belieben

Außerdem erforderlich:
Kuchenform (ca. 25 cm Ø)

1. In einer Schüssel die Butter und den Zucker mit einem Handmixer schaumig rühren. Nach und nach die Eier, die Zitronenschale und das Salz dazugeben. Alles gut miteinander verschlagen.
2. In einer separaten Schüssel das Mehl mit dem Backpulver vermischen und in die Butter-Ei-Mischung sieben. Alles zu einem Teig verrühren und die Milch einarbeiten.
3. Den Backofen auf 170 °C Ober-/Unterhitze vorheizen. Die Kuchenform mit etwas Butter einfetten.
4. Die Oberseiten der Apfelviertel mehrmals leicht einschneiden.
5. Den Teig in die vorbereitete Backform füllen, die Oberseite glattstreichen und die Apfelviertel mit etwas Abstand nebeneinander leicht in den Teig drücken. Auf mittlerer Schiene im vorgeheizten Ofen ca. 40–50 Minuten backen bzw. so lange, bis der Kuchen goldbraun ist und an einem Zahnstocher, den man in die Mitte pikst, beim Herausziehen nichts mehr kleben bleibt. Anschließend aus dem Ofen nehmen, auf einem Kuchengitter abkühlen lassen und zu guter Letzt nach Belieben mit Puderzucker bestäuben.

Platform 9¾

Kürbispasteten

ZUTATEN
FÜR CA. 8 PASTETEN

Für den Teig:

350 g Mehl zzgl. noch etwas mehr zum Bestäuben der Arbeitsfläche

200 g Butter

150 g Schmand

Für die Füllung:

1 kleiner Hokkaidokürbis, entkernt, püriert

Etwas Kürbiskernöl

1 Prise Salz

50 g Schmand

1 Prise Pfeffer

1 kräftige Prise Muskatnuss

1 Ei

Zum Bestreichen:

1 Ei

1 EL Milch

Außerdem erforderlich:
runder Keksausstecher (ca. 10 cm Ø)

1. Das Mehl, die Butter und den Schmand in einer Schüssel zu einem glatten, geschmeidigen Teig kneten. Fest in Frischhaltefolie gewickelt ca. 1–2 Stunden in den Kühlschrank legen.
2. Den Backofen auf 175 °C Ober-/Unterhitze vorheizen. Ein Backblech mit Backpapier auslegen.
3. Den Teig dünn auf einer leicht mit Mehl bestäubten Oberfläche ausrollen und mit einem Keksausstecher acht Kreise von ca. 10 cm Durchmesser ausstechen. Mit etwas Abstand zueinander auf das vorbereitete Backblech legen.
4. Das Kürbisfleisch zusammen mit dem Kürbiskernöl und etwas Salz in einem ausreichend großen Topf bei mittlerer Hitze unter regelmäßigem Umrühren weichkochen, danach im Topf mit einem Pürierstab möglichst fein pürieren. Den Schmand dazugeben und mit Pfeffer und Muskatnuss würzen. Das Ei hinzufügen und alles gründlich miteinander verrühren. Vom Herd nehmen und etwas abkühlen lassen.
5. Jeweils 1 EL Kürbisfüllung auf die Teigkreise auf dem Backblech geben, den Teig einmal umklappen und mit den Fingern oder einer Gabel die Ränder festdrücken. Mit einem Messer drei kleine senkrechte Schlitze in die Teigtaschen schneiden, damit beim Backen die Luft entweichen kann.
6. In einer kleinen Schüssel ein Ei und einen Esslöffel Milch verrühren. Die Pasteten damit rundum einpinseln und für ca. 20 Minuten in den Ofen geben, bis sie goldbraun sind; zur Halbzeit einmal wenden. Anschließend herausnehmen und auf dem Blech 5–10 Minuten abkühlen lassen. Am besten lauwarm servieren.

Ingwerkekse

ZUTATEN
FÜR CA. 25 KEKSE

220 g weiche Butter
140 g Rohrzucker
1 TL Ingwer, frisch gerieben
350 g Mehl
½ Päckchen Backpulver
50 g kandierter Ingwer, fein gehackt

1. Den Backofen auf 200 °C Ober-/Unterhitze vorheizen. Ein Backblech mit Backpapier auslegen.
2. Die weiche Butter mit dem Rohrzucker in einer Rührschüssel cremig schlagen. Den Ingwer untermengen.
3. In einer separaten Schüssel das Mehl mit dem Backpulver vermengen und in die Butter-Zucker-Mixtur sieben. Alles gründlich miteinander vermischen. Den Ingwer dazugeben und mit den Händen zu einem geschmeidigen Teig verarbeiten.
4. Aus dem Teig ca. 25 walnussgroße Bälle formen, auf das vorbereitete Backblech legen und mit einer angefeuchteten Gabel oder den Händen zu einer Dicke von ca. 1 cm plattdrücken. Die Ingwerkekse dann 12–15 Minuten goldbraun backen. Anschließend aus dem Ofen nehmen und auf einem Kuchengitter vollständig abkühlen lassen.

Ginny Weasleys Paprika-Geisterhuhn

ZUTATEN
FÜR 4 PORTIONEN

2 EL Olivenöl

4 Hühnerbrustfilets

1 Zwiebel, fein gehackt

2 Knoblauchzehen, fein gehackt

1 EL Tomatenmark

3 EL Paprikapulver (edelsüß)

1 rote Paprika, entsamt, in dünnen Streifen

1 grüne Paprika, entsamt, in dünnen Streifen

400 ml Wasser

1 Suppenwürfel

200 g Sauerrahm

2 EL Mehl

Salz, frisch gemahlener schwarzer Pfeffer

1. In einer großen Pfanne bei mittlerer Hitze das Olivenöl erwärmen. Die Hühnerbrustfilets ringsum kräftig salzen und pfeffern und von allen Seiten scharf anbraten (ca. 3–4 Minuten). Das Fleisch aus der Pfanne nehmen, auf einen Teller legen, mit Alufolie abdecken und kurz beiseitestellen.

2. Die Zwiebel und den Knoblauch im Bratenrückstand andünsten. Das Tomatenmark und das Paprikapulver einrühren und die Paprikastreifen dazugeben. Mit dem Wasser aufgießen und den Suppenwürfel hinzufügen. Kurz aufkochen, das Fleisch wieder mit in die Pfanne geben und ca. 15 Minuten abgedeckt garen.

3. Das Fleisch dann erneut herausnehmen. In einer Schüssel den Sauerrahm und das Mehl mit etwas Wasser glattrühren und durch ein Sieb in die nicht kochende Soße geben. Gut einrühren, das Ganze nochmal kurz aufkochen und final mit Salz und Pfeffer abschmecken. Anschließend das Fleisch wieder einlegen und das Paprika-Geisterhuhn 5 Minuten in der Soße ziehen lassen. Mit gekochtem Reis servieren.

Weihnachtskuchen

MIT ALKOHOL

ZUTATEN FÜR 1 WEIHNACHTSKUCHEN

Für den Hefeteig:
150 g Rosinen
½ TL Zitronenabrieb
50 g Orangeat
50 g Zitronat
60 ml Rum
50 g gemahlene Mandeln
425 g Mehl
½ Würfel frische Hefe
75 ml lauwarme Milch
50 g Zucker
100 g Butter
1 Ei
1 Päckchen Vanillezucker
½ Prise Salz
½ TL Zimt
¼ TL Kardamom
¼ TL Muskatnuss

Zum Bestreichen:
40 g Butter
75 g Puderzucker

1. In einer großen Schüssel die Rosinen, den Zitronenabrieb, das Orangeat und das Zitronat mit dem Rum und den gemahlenen Mandeln vermischen. Mindestens 1 Stunde durchziehen lassen, besser über Nacht.
2. Das Mehl in eine große Schüssel geben und die Hefe hineinbröseln. 2 EL der lauwarmen Milch und eine Prise Zucker hinzufügen und kurz einmischen. Abgedeckt an einem warmen Ort ca. 30 Minuten gehen lassen.
3. Die Butter in kleinen Stücken in das Mehl geben. Nach und nach das Ei, den restlichen Zucker, den Vanillezucker, das Salz, den Zimt, den Kardamom und die Muskatnuss hinzufügen und jeweils kurz untermischen, dann mit einem Handmixer mit Knethaken auf höchster Stufe mindestens 10 Minuten gut durchkneten. Währenddessen nach und nach die restliche Milch dazugeben und unterkneten. Zum Schluss die Früchte-Rum-Nuss-Mischung einarbeiten und abgedeckt 30 Minuten gehen lassen.
4. Ein Backblech mit Backpapier auslegen.
5. Den Teig kurz durchkneten und zu einem länglichen Laib formen. Mit einem Nudelholz bis zur Hälfte über die lange Seite etwas abflachen. Die dickere Seite darüber schlagen und den Laib mit den Händen in die gewünschte Form bringen. Auf das Backblech geben und abgedeckt 30 Minuten gehen lassen. Derweil den Backofen auf 200 °C Umluft vorheizen.
6. Den Stollen ca. 40–45 Minuten im vorgeheizten Ofen backen. Nach 30 Minuten die Temperatur auf 180 °C reduzieren. Falls der Stollen zu dunkel wird, mit Alufolie abdecken, bis er fertig gebacken ist.
7. In der Zwischenzeit in einem Topf bei niedriger Hitze 40 g Butter schmelzen. Den Stollen aus dem Herd nehmen und sofort mit der Butter bestreichen. Etwas abkühlen lassen, dann nochmal mit flüssiger Butter bepinseln und großzügig mit Puderzucker bestreuen.

Hackbällchen in Zwiebelsoße

ZUTATEN
FÜR 4 PORTIONEN

Für die Hackbällchen:

600 g Hackfleisch, gemischt
20 g Semmelbrösel
1 Ei
1 Schalotte, fein gewürfelt
2 EL Senf (mittelscharf)
Salz, Pfeffer
1 Prise Muskatnuss
2 EL Butter

Für die Zwiebelsoße:

400 g Zwiebeln, in Ringe geschnitten
1 Knoblauchzehe, fein gewürfelt
300 ml Rinderfond
200 ml Weißwein
1 EL Zitronensaft
2 EL Schmand
Salz, frisch gemahlener schwarzer Pfeffer
2 EL Speisestärke (optional)

1. Das Hackfleisch, die Semmelbrösel, das Ei, die Schalotte und den Senf in eine große Schüssel geben, mit Salz, Pfeffer und Muskatnuss würzen und gründlich verkneten. Aus dem Fleischteig mit leicht angefeuchteten Händen golfballgroße Bällchen formen.

2. In einer großen Pfanne bei mittlerer Hitze die Butter schmelzen und die Hackbällchen von allen Seiten ringsum goldbraun anbraten (ca. 5 Minuten). Dann aus der Pfanne nehmen und beiseitestellen.

3. Die Zwiebelringe in das Bratfett in der Pfanne geben und so lange dünsten, bis sie rundherum etwas Farbe angenommen haben. Nun den Knoblauch hinzufügen und mit anschwitzen. Mit dem Rinderfond und dem Weißwein ablöschen, den Zitronensaft dazugeben und kurz aufkochen. Den Schmand unterrühren, mit Salz und Pfeffer würzen und die Hackbällchen in der heißen Zwiebelsoße einige Minuten warm werden lassen.

GON ALLEY

Huhn-Schinken-Pastete

ZUTATEN
FÜR 6-8 PORTIONEN

1 kg gekochtes TK-Hühnerfleisch, in mundgerechten Stücken

200 g Schinkenwürfel

500 g Thüringer Mett

1 kleine Schalotte, fein gewürfelt

Salz, frisch gemahlener schwarzer Pfeffer

Butter, zum Einfetten der Form

1 Päckchen TK-Blätterteig (ca. 270 g)

3 Eier, hartgekocht, gepellt

1 Eigelb

Außerdem erforderlich:
hohe Pastetenform (ca. 25 x 10 cm)

1. Das TK-Hühnerfleisch bei Zimmertemperatur auftauen und überschüssige Flüssigkeit abgießen.
2. Das aufgetaute Hühnerfleisch, die Schinkenwürfel, das Thüringer Mett und die Schalotte in eine große Schüssel geben, mit Salz und Pfeffer würzen und alles gut miteinander vermischen.
3. Den Backofen auf 160 °C Umluft vorheizen. Die Pastetenform so mit Backpapier auslegen, dass das Papier an den Rändern übersteht. Dünn mit Butter einfetten.
4. Den Blätterteig auf der Arbeitsfläche nicht zu dünn ausrollen, in die Form legen und an den Rändern andrücken; dabei darauf achten, dass an allen Seiten genügend Teig übersteht, dass man ihn hinterher übereinanderschlagen und die Pastete so »verschließen« kann. Gleichmäßig die Hälfte der Hühnchen-Hack-Füllung hineingeben, die Oberseite glätten und in einer Reihe die hartgekochten Eier in die Mitte des Laibs drücken. Mit der übrigen Füllung bedecken, die Oberseite glattstreichen und den überstehenden Blätterteig umfalten, sodass die Füllung vollends davon umschlossen ist. Locker mit Alufolie abdecken und 1 Stunde im vorgeheizten Ofen backen. Dabei alle 20 Minuten vorsichtig die überschüssige Flüssigkeit aus der Form abgießen!
5. Beim letzten Fettabgießen die Oberseite der Pastete mit dem Eigelb bestreichen und die Alufolie entfernen, damit der Blätterteig Farbe bekommt und schön kross wird. Nach der Garzeit aus dem Backofen nehmen, kurz abkühlen lassen und dann mithilfe des überstehenden Backpapiers vorsichtig aus der Form heben.
6. Die Ofentemperatur auf 200 °C Oberhitze erhöhen. Ein Backblech mit Backpapier auslegen. Die Pastete behutsam auf das Blech geben und nochmal für 5 Minuten in den Ofen schieben, damit der Blätterteig ringsum goldbraun und knusprig wird. Anschließend aus dem Ofen nehmen, kurz abkühlen lassen und mit einem großen, scharfen Messer in 2–3 cm dicke Scheiben schneiden. Idealerweise mit Preiselbeermarmelade und »Fluffigem Kartoffelstampf mit brauner Soße« (S. 102) servieren.

Mince Pies

MIT ALKOHOL

ZUTATEN
FÜR 8 MINCE PIES

Für die Füllung:
300 g gemischte Trockenfrüchte, fein gewürfelt
150 g Rosinen
Abrieb von 1 Orange
75 g Rohrzucker
1 TL Zimt
1 TL Ingwer
½ TL gemahlene Nelken
100 ml Rum
Einige Tropfen Mandelextrakt
½ TL Vanilleextrakt
2 EL Honig

Für den Mürbeteig:
260 g weiche Butter
375 g Mehl
125 g Zucker
1 Prise Salz
2 Eier
Puderzucker

Außerdem erforderlich:
runder Keksausstecher (ca. 10 Ø),
runder Keksausstecher (ca. 8 cm Ø),
Hogwarts-Silikonkeksstempel,
8er-Muffin-Form

1. Die fein gewürfelten Trockenfrüchte, die Rosinen, den Orangenabrieb, den Rohrzucker, den Zimt, den Ingwer und die gemahlenen Nelken in einer Schüssel vermischen und gut mit dem Rum, dem Mandelextrakt, dem Vanilleextrakt und dem Honig vermengen. Mit Frischhaltefolie abdecken und für mindestens 12 Stunden im Kühlschrank ziehen lassen.
2. Die Butter und das Mehl in eine Schüssel geben, den Zucker, das Salz und ein Ei hinzufügen und alles mit einem Handmixer mit Knethaken zu einem geschmeidigen Teig verarbeiten. Mit einem sauberen Küchentuch abdecken und 10 Minuten im Kühlschrank kaltstellen.
3. Die Muffin-Form mit etwas Butter einfetten und mit Mehl bestreuen. Den Backofen auf 220 °C vorheizen.
4. Den Teig möglichst dünn (ca. 3 mm) auf einer gut bemehlten Oberfläche ausrollen und mit einem runden Keksausstecher 8 Kreise ausstechen, die groß genug sind, um den Boden und die Seiten der Mulden der Muffin-Form zu bedecken. Die Teigkreise dann vorsichtig in die Mulden legen und leicht andrücken. Die Teigreste neu verkneten, erneut ausrollen und daraus die gleiche Anzahl kleinerer Kreise ausstechen. Diese sorgfältig mit den Hogwarts-Silikonstempeln prägen.
5. Die Trockenfrüchte-Füllung in die Muffins geben, jeweils mit einem geprägten Teigrund verschließen und den Rand ringsum etwas andrücken.
6. In einer kleinen Schüssel das zweite Ei verquirlen und damit die Oberseite der Mince Pies bestreichen. Für 20 Minuten im vorgeheizten Ofen backen, danach etwas abkühlen lassen und mit Puderzucker bestreuen. Warm oder kalt genießen.

Eierpunsch

MIT ALKOHOL

ZUTATEN
FÜR 8 GLÄSER BZW. 1 L

8 Eigelb
150 g Zucker
½ EL Zimt sowie noch etwas mehr, als Garnitur
2–3 EL Zitronensaft
100 g Sahne
800 ml trockener Weißwein
4 EL Rum
Schlagsahne
Etwas Zimt

1. Das Eigelb in eine Rührschüssel geben und zusammen mit dem Zucker, dem Zimt und dem Zitronensaft mit dem Schneebesen eines Handrührgeräts ca. 10 Minuten richtig schaumig schlagen.
2. In einer separaten Schüssel die Sahne aufschlagen.
3. Die Eiercreme in einen hohen Kochtopf geben. Den Weißwein und den Rum unterrühren. Das Ganze bei schwacher Hitze unter ständigem Rühren erwärmen, damit nichts anbrennt oder ansetzt. Zuletzt noch einmal kurz aufschlagen und in die Gläser oder in eine heiß ausgespülte, ausreichend große Flasche füllen, falls der Eierpunsch erst später genossen werden soll; in diesem Fall unbedingt im Kühlschrank lagern!
4. Den Eierpunsch (egal, ob warm oder kalt) mit einer Haube aus Schlagsahne krönen und mit etwas Zimt bestreut servieren!

DOBBYS HAUSELFEN-TIPP: Dieses Rezept lässt sich auch problemlos ohne Alkohol zubereiten. Dann statt des Weißweins einfach dieselbe Menge Vollmilch verwenden und den Rum durch etwas schwarzen Tee ersetzen!

Hogwartser Tafelfreuden

Die Hogwarts-Schule für Hexerei und Zauberei ist ein Internat für Kinder mit magischen Fähigkeiten und gilt als eine der bedeutendsten Zauberschulen der Welt. Seit der Gründung im Jahre 993 durch die vier größten Zauberkundigen der damaligen Zeit – Godric Gryffindor, Helga Hufflepuff, Rowena Ravenclaw und Salazar Slytherin – werden hier Schülerinnen und Schüler in den Wegen der Magie ausgebildet. In Hogwarts erfährt Harry zum ersten Mal in seinem Leben, was es heißt, ein richtiges Zuhause zu haben – und zu einem richtigen Zuhause gehört immer auch gutes Essen und Trinken! Davon gibt es in Hogwarts glücklicherweise reichlich! In der Großen Halle werden zu allen Mahlzeiten die köstlichsten Speisen aufgetischt, allesamt zubereitet von den fleißigen Hauselfen der Schule, und das in solcher Fülle, dass man nur hoffen kann, dass der gute Ron (der ja bekanntlich gern, oft und viel isst) einen guten Abnehm-Zauber kennt…

Beauxbatons-Bouillabaisse

**ZUTATEN
FÜR 6 PORTIONEN**

5 EL Olivenöl
2 Zwiebeln, fein gehackt
4 Knoblauchzehen, fein gehackt
½ kleine Zucchini, gestiftelt
1 Bund Suppengrün (Karotten, Sellerie, Lauch), grob geschnitten
1 kleine Fenchelknolle, grob geschnitten
1 EL Tomatenmark
750 ml Weißwein
200 g Pizzatomaten
500 ml Fischfond
50 ml Apfelsaft
1 MSP Safran
5–6 Stängel frischer Thymian, abgezupft
5–6 Stängel frisches Bohnenkraut, ab gezupft
3 Lorbeerblätter
3–4 Wacholderbeeren
1 kleine getrocknete Chili, fein gehackt
500 g gemischte TK-Fischfilets (z. B. Seeteufel, Dorade, Rotbarbe)
300 g frische Miesmuscheln
200 g TK-Meeresfrüchte (z. B. Garnelen, Calamaretti)
Salz, frisch gemahlener schwarzer Pfeffer
½ Bund glatte Petersilie, fein gehackt

1. In einem großen Topf mit einem kräftigen Schuss Olivenöl die Zwiebeln und den Knoblauch anschwitzen. Die Zucchini, das grob geschnittene Suppengemüse und den Fenchel dazugeben und unter regelmäßigem Rühren ca. 5–10 Minuten scharf anbraten. Zwischendurch das Tomatenmark dazugeben und gut unterrühren.
2. Mit etwas Weißwein ablöschen, einkochen und dann den restlichen Wein dazugießen. Die Pizzatomaten, den Fischfond, den Apfelsaft, den Safran, eine gute Prise frisch gemahlenen schwarzen Pfeffer, den Thymian, das Bohnenkraut, die Lorbeerblätter, die Wacholderbeeren und die gehackte Chili hinzufügen und ggf. mit so viel Wasser auffüllen, dass alles von Flüssigkeit bedeckt ist. Bei mittlerer Hitze ca. 15–20 Minuten ohne Deckel köcheln lassen.
3. Die Fischfilets waschen, mit Küchenpapier trockentupfen, auf Gräten prüfen und in mundgerechte Stücke schneiden. Die Muscheln und die Meeresfrüchte säubern; bereits geöffnete Muscheln unbedingt entsorgen! Alles mit in den Topf geben und bei Bedarf mit so viel Wasser auffüllen, dass alles mit Flüssigkeit bedeckt ist. Bei mittlerer Hitze ca. 15 Minuten sanft köcheln lassen. Wichtig: Die Suppe darf jetzt nicht mehr kochen!
4. Die Suppe kosten und nach Belieben mit Salz und Pfeffer abschmecken. Die Lorbeerblätter und die Wacholderbeeren entfernen.
5. Die Bouillabaisse auf tiefe Teller verteilen. Fischstücke, Meeresfrüchte, Muscheln und Gemüse hübsch einlegen und mit etwas frisch gehackter Petersilie bestreut servieren. Dazu passt hervorragend frisches Baguette.

Drachenfleischtatar

ZUTATEN
FÜR 4 PORTIONEN

500 g Rinderfilet, fein gewürfelt
Salz, frisch gemahlener schwarzer Pfeffer
1 EL Rapskernöl
2 Schalotten, fein gehackt
1 EL Meerrettichfäden
10 ml Cognac
Etwas Petersilie, frisch gehackt
4 Eigelb, roh
2 Essiggurken, fein gewürfelt
1 kleines Gläschen Kapern (Nonpareilles), abgetropft

Außerdem erforderlich:
Servierring (ca. 10–12 cm Ø)

1. Das Rinderfilet mit einem großen, scharfen Messer in feine Würfel schneiden (bzw. bereits gewolftes Fleisch kaufen) und in eine Schüssel geben. Kräftig mit Salz und Pfeffer würzen. Das Öl, die Hälfte der Schalotten, die Meerrettichfäden, den Cognac und die gehackte Petersilie unterheben, alles gründlich miteinander vermengen, locker mit Frischhaltefolie abdecken und bis zum Anrichten im Kühlschrank kaltstellen.
2. Die übrigen Schalotten in einem Topf mit gesalzenem Wasser blanchieren, durch ein Sieb abgießen und unter fließend kaltem Wasser abschrecken.
3. Mit einem Servierring jeweils eine Portion Tatar auf einen großen, flachen Teller oder eine Servierplatte häufen. Oben mit den Fingern behutsam eine flache Vertiefung ins Tatar drücken und vorsichtig je ein intaktes Eigelb hineingeben. Ringsum die fein gehackten Essiggurken, die abgetropften Kapern und die blanchierten Schalotten platzieren. Zusammen mit Brot und frischem Salat servieren.

DOBBYS HAUSELFEN-TIPP: Das Tatar nach dem Aufschneiden unbedingt möglichst zeitnah genießen, da das Fleisch sonst seine schöne rote Färbung verliert und unansehnlicher wird als die Visage von Ihr-wisst-schon-wem!

Gefüllter Festtagstruthahn

ZUTATEN
FÜR 1 FESTTAGSTRUTHAHN
(CA. 10 PORTIONEN)

2 große Zwiebeln, fein gewürfelt
1 Apfel (säuerlich), entkernt, geschält und klein gewürfelt
100 g Geflügelleber, fein gewürfelt
250 g Thüringer Mett
¼ Bund Staudensellerie, sehr fein gewürfelt
2 Knoblauchzehen, fein gehackt
½ Bund frische Petersilie, fein gehackt
150 ml Hühnerbrühe
Salz, frisch gemahlener schwarzer Pfeffer
3 EL Olivenöl
2 Knoblauchzehen, gepresst
3 EL Paprikapulver
1 Truthahn/Pute (ca. 4–5 kg), küchenfertig
2 EL Orangensaft
50 ml Weißwein
2 EL Preiselbeermarmelade
Brauner Soßenbinder (optional)

Außerdem erforderlich:
Zahnstocher

1. Die Zwiebeln, den Apfel, die Geflügelleber, das Thüringer Mett, den Staudensellerie, den Knoblauch und die Petersilie in einer großen Schüssel mit der Hühnerbrühe vermischen. Mit etwas frisch gemahlenem schwarzem Pfeffer würzen und beiseitestellen.
2. Den Backofen bei 180 °C Ober-/Unterhitze vorheizen. Eine große Schale mit einem Fingerbreit Wasser ganz unten in den Ofen stellen, um später das Fett aufzufangen.
3. In einer kleinen Schüssel das Olivenöl, die gepressten Knoblauchzehen, das Paprikapulver, etwas Salz und eine kräftige Prise Pfeffer vermischen.
4. Den Truthahn gründlich abspülen, trockentupfen und mit der Hackfleisch-Apfel-Füllung stopfen. Die »Öffnung« mit Zahnstochern verschließen, den Vogel auf ein Bratgitter legen und ringsherum die Marinade einmassieren. Dann auf der niedrigsten Schiene in den vorgeheizten Backofen geben und je nach Gewicht ca. 5 Stunden garen. Die Faustregel hier lautet: 1 kg Fleisch = 1 Stunde Garzeit. In dieser Zeit regelmäßig (alle 15–20 Minuten) großzügig mit der übrigen Marinade und der Flüssigkeit aus der Auffangschale bepinseln.
5. Anschließend den Bratensaft aus der Schale durch ein Sieb in einen Topf geben, mit Orangensaft, Weißwein und 2 EL Preiselbeermarmelade abschmecken und ggf. mit Salz und Pfeffer würzen. Bei niedriger Hitze aufkochen und bei Bedarf mit etwas Soßenbinder andicken, falls das Ganze zu dünnflüssig ist. Zusammen mit dem Truthahn servieren. Dazu schmecken z. B. »Fluffiger Kartoffelstampf« (S. 102), grüne Bohnen (S. 108) oder Bratmaiskolben (S. 133).

Brotpudding

**ZUTATEN
FÜR 4 PORTIONEN**

450 g Vanille-Eiscreme

2 Eier

400 g Brioche, in mundgerechten Stücken

1 kleine Prise Salz

Karamellsoße, nach Belieben

Außerdem erforderlich:
4 kleine Auflaufförmchen

1. Die Vanille-Eiscreme aus dem Gefrierschrank nehmen, in eine große Schüssel geben, dort schmelzen lassen und dann kräftig verrühren.
2. Den Backofen auf 180 °C vorheizen.
3. In einer kleinen Schüssel die Eier verquirlen und zu der Eiscreme geben. Eine kleine Prise Salz hinzufügen und alles gut miteinander vermischen.
4. Die Brioche mit in die Schüssel geben, alles gründlich vermengen und 10–15 Minuten einweichen lassen. Die Masse dann in die Auflaufförmchen füllen, die Oberseiten glattstreichen und 25 Minuten im Ofen backen.
5. Großzügig mit Karamellsoße beträufeln und sofort genießen!

Fluffiger Kartoffelstampf mit brauner Soße

ZUTATEN
FÜR 4 PORTIONEN

Für den Kartoffelstampf:
800 g Kartoffeln (mehligkochend)
150 ml Milch
100 ml Sahne
70 g Butter, in Flocken
Salz, frisch gemahlener schwarzer Pfeffer
1 kräftige Prise Muskatnuss, frisch gerieben

Für die braune Soße:
2 EL neutrales Öl
1 große Zwiebel, fein gehackt
1 Bund Suppengrün (Karotten, Sellerie, Lauch), fein gehackt
1 EL Tomatenmark
Salz, Pfeffer
1 Prise Zucker
500 ml Wasser
Etwas dunkler Soßenbinder, bei Bedarf

Den Kartoffelstampf zubereiten:

1. Die Kartoffeln schälen und vierteln.
2. In einem ausreichend großen Topf bei mittlerer Hitze kräftig gesalzenes Wasser zum Kochen bringen. Die Kartoffeln hineingeben und ca. 30 Minuten köcheln lassen bzw. so lange, bis man sie mit einem Messer mühelos einstechen kann.
3. Das Wasser abgießen. Die Kartoffeln in eine große Schüssel geben, ausdampfen lassen und gleichmäßig mit einem Kartoffelstampfer zerdrücken. Dabei nicht zu gründlich vorgehen, da der Stampf möglichst stückig sein soll!
4. Die Milch, die Sahne und die Butterflocken in die Schüssel geben und alles so lange verrühren, bis der Kartoffelstampf zwar noch relativ grob, zugleich jedoch schön cremig und fluffig ist. Mit Salz, Pfeffer und einer kräftigen Prise frisch geriebener Muskatnuss würzen.

Die braune Soße zubereiten:

5. In einer großen Pfanne bei starker Hitze das Öl erwärmen und die Zwiebel anschwitzen, bis sie glasig und duftig ist. Das Suppengemüse hinzufügen und unter möglichst wenig Rühren anbraten, bis es ringsum kräftig Farbe angenommen hat. Das Tomatenmark mit anrösten. Behutsam mit Salz, Pfeffer und einer Prise Zucker würzen.
6. Mit ½ l Wasser ablöschen. Den Bratensatz vorsichtig vom Pfannenboden lösen, aufkochen und ohne Deckel einige Minuten einkochen, bis das Gemüse schön weich ist. Die Brühe dann durch ein Sieb in einen anderen Topf gießen und das Gemüse sorgfältig durchdrücken.
7. Die Soße noch einmal final abschmecken und zum Kochen bringen. Bei Bedarf mit etwas Soßenbinder andicken.

DOBBYS HAUSELFEN-TIPP: Die Soße wird ohne Zugabe von Fleisch oder Knochen zubereitet und ist damit auch für Vegetarier geeignet. Wer möchte, kann sie noch mit etwas Weinbrand verfeinern.

Luna Lovegoods Radieschensalat

ZUTATEN
FÜR 2–3 PORTIONEN

3 EL Saure Sahne
3 EL 7-Kräuter-Essig
2 EL Olivenöl
1 EL Senf (mittelscharf)
Salz, frisch gemahlener schwarzer Pfeffer
2 Bund Radieschen, in dünnen Scheiben
1 kleine rote Zwiebel, fein gehackt
Frischer Schnittlauch, fein geschnitten

1. In einer kleinen Schüssel die Saure Sahne, den Essig, das Olivenöl und den Senf miteinander vermengen, nach Belieben mit Salz und Pfeffer würzen, locker mit Frischhaltefolie abdecken und 15 Minuten in den Kühlschrank stellen.
2. Unterdessen in einer separaten, größeren Schüssel die Radieschen und die fein gehackte Zwiebel miteinander vermischen.
3. Das Dressing zu den Radieschen und den Zwiebeln geben und alles gründlich vermengen. Einige Minuten ziehen lassen. Dann erneut durchmischen und mit fein geschnittenem Schnittlauch bestreut servieren.

MR H POTTER
The Cupboard under
4 Privet Drive,

Rindergulasch

ZUTATEN FÜR 4 PORTIONEN

1 kg Rindfleisch (aus der Schulter)
2 EL Butterschmalz
1 kg Zwiebeln, fein gewürfelt
1 EL Tomatenmark
500 ml Rotwein (trocken)
500 ml Rinderfond
2 Knoblauchzehen, fein gehackt
3 EL Kümmelsamen
1 EL getrockneter Majoran
½ TL Zucker
1 EL abgeriebene Zitronenschale
3 EL Paprikapulver (edelsüß)
3 EL Paprikapulver (rosenscharf)
100 ml Saure Sahne
Salz, frisch gemahlener schwarzer Pfeffer

1. Das Rindfleisch von Fett und groben Sehnen befreien und in ca. 3 cm große Würfel schneiden.
2. Das Butterschmalz in einem großen Schmortopf erhitzen. Die Rindfleischwürfel darin bei mittlerer Hitze rundherum anbraten und herausnehmen. Die Zwiebeln im Bratfett glasig dünsten. Das Tomatenmark unterrühren und etwas mitdünsten. Das Fleisch dann wieder in den Topf geben und mit etwas Rotwein ablöschen. Etwas einkochen lassen, dann den Rinderfond und den restlichen Rotwein dazugießen. Das Fleisch muss vollends von Flüssigkeit bedeckt sein! Anstatt mit einem Deckel mit einem beschwerten Stück Backpapier abdecken, die Temperatur reduzieren und bei sanfter Hitze 4 Stunden schmoren lassen; dabei gelegentlich umrühren. Wichtig: Das Gulasch darf nicht kochen!
3. In der Zwischenzeit in einer kleinen Schüssel den Knoblauch, den Kümmel, den Majoran, den Zucker und die Zitronenschale miteinander vermischen. Die beiden Sorten Paprikapulver dazugeben, gründlich vermengen und alles mit etwas Wasser glattrühren. Gegen Ende der Garzeit in das Gulasch einrühren. 5–10 Minuten ziehen lassen. Dann die Saure Sahne dazugeben, das Gulasch mit Salz und Pfeffer abschmecken, alles gut miteinander verrühren und »pur« oder mit Salzkartoffeln servieren.

Geschmorte Lammkoteletts mit grünen Bohnen

ZUTATEN
FÜR 4 PORTIONEN

Für die Lammkoteletts:

8 Lammkoteletts (à ca. 60 g)

1 Knoblauchzehe, fein gehackt

8 Zweige Thymian, gezupft, fein gehackt

2 Zweige Rosmarin, gezupft, fein gehackt

1 EL Dijon-Senf

3 EL Olivenöl sowie noch etwas mehr, zum Anbraten

Salz, Pfeffer

Für die grünen Bohnen:

750 g grüne Bohnen

2 EL Olivenöl

1 große Zwiebel, fein gehackt

100 g durchwachsener Räucherspeck, fein gewürfelt

1 Knoblauchzehe, fein gehackt

2 Tomaten, fein gewürfelt

400 ml Gemüsebrühe

3 EL Bohnenkraut

Salz, Pfeffer

1. Die Lammkoteletts waschen und trockentupfen.
2. Den Knoblauch in einer kleinen Schüssel gründlich mit dem Thymian, dem Rosmarin, dem Senf und dem Olivenöl vermischen. Die Marinade in einen Gefrierbeutel füllen, die Koteletts dazugeben und den Beutel gut verschließen. Das Fleisch ringsum mit der Marinade einmassieren und mindestens 2 Stunden in den Kühlschrank legen, am besten über Nacht.
3. Die Bohnen waschen, die Enden abknipsen und jeweils in 2 bis 3 gleichgroße Stücke schneiden.
4. Das Öl in einem Topf erhitzen und die Zwiebel darin glasig dünsten. Den Speck und den Knoblauch dazugeben und unter stetem Rühren anbraten, bis der Speck leicht gebräunt ist. Dann die Bohnen, die Tomaten, die Gemüsebrühe und das Bohnenkraut unterrühren, mit Salz und Pfeffer würzen und abgedeckt bei mittlerer Hitze 30–35 Minuten garen.
5. Derweil die Lammkoteletts aus dem Kühlschrank nehmen und Zimmertemperatur annehmen lassen. Das Fleisch aus der Marinade nehmen, etwas Olivenöl in einer beschichteten Pfanne erhitzen und die Koteletts darin von beiden Seiten bei starker Hitze jeweils 2–3 Minuten scharf anbraten. Kräftig mit Salz und Pfeffer würzen und zusammen mit den Bohnen servieren.

Goldene Schnatze

ZUTATEN
FÜR CA. 12 SCHNATZE

Für die Macarons:
45 g gemahlene Mandeln
75 g Puderzucker
36 g Eiweiß (ca. 1 Eiweiß)
10 g Zucker
Gelbe Lebensmittelfarbpaste

Für die Ganache:
100 g Zartbitterschokolade, fein gehackt
1 TL geriebene Orangenschale
100 ml Sahne

24 schmale Kaubonbon-Streifen, als Flügel zurechtgeschnitten

Außerdem erforderlich:
essbares Goldpuder

1. Die Mandeln mit dem Puderzucker in einen hohen Becher geben, mit einem Löffel miteinander vermischen, dann im Mixer möglichst fein mahlen. Anschließend gründlich in eine Schüssel sieben, um alle größeren Stückchen zu entfernen.
2. Das Eiweiß genau abwiegen und mit dem Rührgerät steif schlagen. Sobald das Eiweiß schaumig wird, den Zucker hineinrieseln lassen und weiter schlagen, bis sich steife Spitzen bilden. Jetzt die gelbe Lebensmittelfarbe hinzufügen und nochmals ca. 1 Minute weiter schlagen.
3. Den Eischnee in eine große Schüssel geben, nach und nach die Mandel-Puderzucker-Mischung hinzufügen und jeweils vorsichtig mit einem Teigspatel unterheben. Die Masse so lange verarbeiten, bis sie zähflüssig vom Spatel läuft. In einen Spritzbeutel mit Lochtülle füllen.
4. Ein Backblech mit Backpapier auslegen. Mit dem Spritzbeutel mit etwas Abstand zueinander ca. 2 cm große Macaron-Kleckse auf das Blech geben. Mit der Unterseite des Blechs anschließend zweimal behutsam auf die Arbeitsfläche klopfen, damit etwaige Luftbläschen entweichen. 30 Minuten ruhen lassen.
5. Derweil den Backofen auf 150 °C Ober-/Unterhitze vorheizen. Das Blech hineingeben, die Hitze auf 145 °C reduzieren und ca. 12–14 Minuten backen. Dann aus dem Ofen nehmen, die Macarons mitsamt dem Backpapier vom Blech auf die kalte Arbeitsfläche ziehen und auskühlen lassen.
6. Währenddessen für die Ganache die Schokolade in eine Schüssel geben. Die Orangenschale mit der Sahne in einem kleinen Topf bei mittlerer Hitze unter stetem Rühren aufkochen, dann über die Schokolade gießen. 2 Minuten ruhen lassen, dann alles so lange durchrühren, bis keine Klümpchen mehr übrig sind. Die Ganache etwas auskühlen lassen und für mindestens 1 Stunde in den Kühlschrank stellen.
7. Die kalte Ganache gut durchrühren und in einen Spritzbeutel geben. Die Macaron-Hälften vom Backpapier lösen und die Hälfte davon mit der flachen Seite nach oben auf der Arbeitsfläche ausbreiten. Jeweils einen Klecks Ganache darauf spritzen, links und rechts zwei der Kaubonbon-Streifen so als Flügel anbringen, dass sie von der Ganache gehalten werden, dann je eine Macaron-Hälfte oben daraufsetzen und leicht andrücken. Über Nacht in den Kühlschrank geben, damit die Füllung gut durchziehen kann. Die Macarons zuletzt ringsum mit essbarem Goldpuder bepinseln. Kühl lagern und innerhalb von 5–7 Tagen verzehren!

Harrys Kiemenkraut-Salat

ZUTATEN
FÜR 4 PORTIONEN

1 kleiner Oktopus (ca. 600 g), alternativ frischer Pulpo-Salat vom Fischhändler

Frisch gemahlener schwarzer Pfeffer, Salz

Saft von 1 Zitrone

2 Knoblauchzehen, fein gehackt

Etwas Petersilie, fein gehackt

6 EL Olivenöl

2 EL Reisessig

1 Salatgurke

150 g Algensalat (Wakame)

100 g Miesmuscheln, eingelegt, abgetropft

Etwas schwarze Sesamsaat

Außerdem erforderlich:
Spiralschneider

1. In einem großen Topf Wasser zum Kochen bringen. Eine kräftige Prise Pfeffer hineingeben und den Oktopus darin bei schwacher Hitze ca. 30–40 Minuten ziehen lassen bzw. so lange, bis er sich mit einem Messer leicht einstechen lässt. Dann vom Herd nehmen, ordentlich salzen und im Sud abkühlen lassen.
2. Unterdessen in einer großen Schüssel den Zitronensaft, die Knoblauchzehen und die Petersilie vermischen. Mit einer kräftigen Prise Salz verrühren, dann das Olivenöl und den Essig unterschlagen.
3. Die Salatgurke mit dem Spiralschneider in dünne »Spaghetti« schneiden.
4. Den Oktopus aus dem Sud heben, in mundgerechte Stücke schneiden und in die Marinade geben. Gründlich mit der Salatgurke, dem Algensalat und den abgetropften Miesmuscheln vermischen. Fest abgedeckt mit Frischhaltefolie mindestens 2 Stunden im Kühlschrank durchziehen lassen, besser über Nacht.
5. Unmittelbar vor dem Servieren nochmals gründlich durchrühren und mit schwarzer Sesamsaat bestreuen. Dazu passt wunderbar frisches, knuspriges Weißbrot.

Siruptorte

**ZUTATEN
FÜR 1 TORTE**

Für den Tortenboden:

250 g Mehl zzgl. etwas mehr, zum Bestäuben der Arbeitsfläche

2 EL Puderzucker

Abrieb von 1 Zitrone

1 Prise Salz

175 g kalte Butter, in Würfeln

1 Eigelb

1–2 EL sehr kaltes Wasser

Für die Füllung:

600 ml Zuckersirup

1 Prise gemahlener Ingwer

150 g frisches Paniermehl

Abrieb und Saft von 1 Zitrone

1 Ei, geschlagen

Außerdem erforderlich:
Tortenform (ca. 25 cm Ø), getrocknete Bohnen oder andere Blindback-Gewichte

1. Das Mehl, den Puderzucker, den Zitronenabrieb und das Salz in einer Schüssel vermengen. Die kalten Butterwürfel einarbeiten, bis das Ganze von der Konsistenz her an Paniermehl erinnert. Das Eigelb und 1–2 EL sehr kaltes Wasser hinzufügen. Mit den Händen zu einem Teig verkneten, auf einer leicht mit Mehl bestreuten Arbeitsfläche ausbringen, zu einer Kugel formen, fest in Frischhaltefolie wickeln und 30 Minuten in den Kühlschrank legen.

2. ⅓ des Teigs abnehmen, mit Frischhaltefolie einwickeln und in den Kühlschrank legen. Den restlichen Teig auf einer leicht mit Mehl bestreuten Oberfläche zu einem Rund von 30 cm Durchmesser und einer Dicke von ca. 5 mm ausrollen. Den Teig dann quer über die Backform breiten und am Boden und an den Rändern andrücken; dabei darauf achten, dass der Teig bis in alle Ecken reicht. Den Teigboden ein paarmal mit einer Gabel einstechen und 30 Minuten in den Kühlschrank geben.

3. In der Zwischenzeit den Backofen auf 190 °C vorheizen und ein Backblech zum Vorwärmen hineinschieben.

4. Den gekühlten Tortenboden mit Backpapier auslegen und mit Backbohnen oder anderen Blindback-Gewichten füllen. Für 15 Minuten in den vorgeheizten Ofen geben, dann das Backpapier und die Gewichte entfernen und nochmals ca. 5 Minuten backen bzw. so lange, bis der Tortenboden goldbraun ist.

5. Den übrigen Teig möglichst dünn (ca. 2–3 mm) zu einem Kreis von ca. 25 cm Durchmesser ausrollen. In 5 mm schmale Streifen schneiden und beiseitestellen. Den Zuckersirup und den gemahlenen Ingwer bei niedriger Hitze in einem Topf erwärmen, bis die Masse heiß ist, aber nicht kocht. Das Paniermehl, den Zitronenabrieb, den Zitronensaft und ein geschlagenes Ei einrühren und alles gut vermischen. Auf den Tortenboden geben und gleichmäßig verstreichen.

6. Mit den Teigstreifen ein Gittermuster oben auf die Torte legen. Hierzu auf einem Stück Backpapier in einer Ecke anfangen und die Teigstreifen dann wie beim Flechten über- und untereinanderlegen. Das Gitter dann vorsichtig auf die Torte heben und das Papier behutsam wegziehen.

7. Die Torte ca. 30–35 Minuten backen, bis die Füllung sich gesetzt hat und der Teig goldbraun ist. Aus dem Ofen nehmen und ca. 15 Minuten auf einem Kuchengitter abkühlen lassen. Dann behutsam aus der Backform lösen und warm servieren.

Ronald
Hogwarts

Rührei mit Speck

ZUTATEN
FÜR 2–3 PORTIONEN

4 Eier
8 EL Sahne
Salz, frisch gemahlener schwarzer Pfeffer
4 TL Butter
6–8 Streifen Frühstücksspeck
Etwas Schnittlauch, frisch gehackt

1. Die Eier in eine Schüssel mit hohem Rand aufbrechen, die Sahne dazugeben, kräftig mit Salz und Pfeffer würzen und mit dem Schneebesen so lange verquirlen, bis das Ganze zwar noch relativ dickflüssig, aber schön cremig und konsistent ist.
2. In einer beschichteten Pfanne bei kleiner Hitze die Hälfte der Butter schmelzen. Die verquirlten Eier dazugeben und langsam stocken lassen; dabei hin und wieder mit einem Pfannenwender vorsichtig am Pfannenboden entlangrühren, damit das Ei nicht anbrennt.
3. In einer separaten Pfanne derweil bei großer Hitze die restliche Butter schmelzen. Die Speckstreifen mit etwas Abstand zueinander hineingeben und von beiden Seiten jeweils 1–2 Minuten anbraten, je nachdem, wie kross der Speck sein soll.
4. Hat das Rührei die gewünschte Festigkeit erreicht, vom Herd nehmen, auf Teller verteilen und mit frisch gehacktem Schnittlauch bestreuen. Die Speckstreifen daneben arrangieren und sofort servieren!

Roastbeef mit Yorkshire Pudding und Buttererbsen

ZUTATEN
FÜR 4 PERSONEN

Für das Roastbeef:
50 g Butterschmalz
800 g Roastbeef oder Rinderfilet
2 Knoblauchzehen, fein gewürfelt
Etwas Rosmarin, fein gehackt
4 Stiele frischer Thymian, fein gehackt
2 Blätter Salbei, fein gehackt
Pfeffer, Salz
100 g Senf (mittelscharf)
1 Prise grobes Meersalz

Für den Yorkshire Pudding:
250 g Mehl
Salz, Pfeffer
150 ml Milch
150 ml Wasser
4 Eier
3 TL Bratenfett

Für die Buttererbsen:
250 g TK-Erbsen
3 EL Butter

Außerdem erforderlich:
6er-Muffin-Backform

Das Roastbeef zubereiten:

1. Den Backofen auf 80 °C Umluft vorheizen.

2. In einem großen Schmortopf bei starker Hitze das Butterschmalz schmelzen und das Roastbeef rundum scharf anbraten. Den Knoblauch, den Rosmarin, den Thymian und den Salbei dazugeben und 3 Minuten anschwitzen. Das Fleisch mittig auf ein großes Stück Alufolie legen, salzen und pfeffern, dünn mit Senf bestreichen und die angeschwitzten Kräuter darüber geben. Das Roastbeef fest in die Folie einschlagen und 2½ Stunden auf mittlerer Schiene im Ofen garen.

3. Anschließend den Ofen ausschalten und das Roastbeef bei offener Klappe 5 Minuten ruhen lassen. Dann aus der Alufolie wickeln, in fingerdicke Scheiben schneiden, mit einer Prise grobem Meersalz bestreuen und zusammen mit dem Yorkshire Pudding und den Buttererbsen (siehe unten) servieren. Das Fleisch bis dahin bei Bedarf warmhalten.

Den Yorkshire Pudding zubereiten:

4. In einer großen Schüssel das Mehl mit Salz und Pfeffer vermischen. In einer separaten Schüssel die Milch und das Wasser vermengen. Eine Kuhle in die Mitte des Mehls drücken und die Eier hineingeben. Nach und nach immer wieder etwas von der Milch-Wasser-Mischung dazugeben und mit den Händen einarbeiten, bis ein cremiger Teig entsteht. 15 Minuten ruhen lassen.

5. Derweil den Backofen auf 220 °C vorheizen. Jede Mulde der Muffin-Form mit ½ TL Bratenfett einfetten und zum Vorwärmen in den Ofen geben. Die heiße Backform schließlich vorsichtig wieder herausnehmen, auf eine hitzebeständige Arbeitsfläche stellen, mit einem Löffel den Teig einfüllen und erneut in den Ofen geben. 15–20 Minuten backen, bis der Yorkshire Pudding goldbraun und knusprig ist. Aus dem Ofen nehmen, kurz abkühlen lassen und dann vorsichtig aus der Form stürzen.

Die Buttererbsen zubereiten:

6. Die TK-Erbsen in einem Topf mit Salzwasser ca. 12 Minuten gar kochen. Vom Herd nehmen, vorsichtig durch ein Sieb abgießen, abtropfen lassen und zurück in den Topf geben. Die Butter hinzufügen, den Deckel aufsetzen und den Topf mehrmals hin- und herschwenken, bis die Butter geschmolzen ist und die Erbsen damit überzogen sind. Die Erbsen kräftig salzen, nochmals schwenken und nach Möglichkeit sofort servieren.

GRYFFINDOR

Ofensüßkartoffeln

ZUTATEN
FÜR 4 PORTIONEN

200 g Crème fraîche
1 EL Zitronensaft
Salz, Pfeffer
4 große Süßkartoffeln
60 g zerbröselter Ziegenkäse
Etwas Schnittlauch, fein gehackt

1. Den Backofen auf 200 °C vorheizen.
2. In einer kleinen Schüssel die Crème fraîche mit dem Zitronensaft verrühren und nach Belieben mit Pfeffer und Salz würzen.
3. Die Süßkartoffeln waschen und gründlich abtrocknen, dann mehrfach ringsum mit einem Messer einstechen. Einzeln in Alufolie wickeln und auf ein Grillrost auf der mittleren Schiene des Backofens legen; darunter ein Backblech positionieren, um etwaiges Bratfett und andere Flüssigkeiten aufzufangen. Ca. 45–60 Minuten garen bzw. so lange, bis sich die Kartoffeln mit einem Messer mühelos einschneiden lassen. Dann aus dem Ofen nehmen. Vorsicht: heiß!
4. Die Kartoffeln einige Minuten abkühlen lassen. Von der Alufolie befreien, oben mit einem scharfen Messer ein großes X einschneiden und beide Seiten der Knolle von der Mitte wegdrücken, damit sich der Schnitt gleichmäßig öffnet. Großzügig die Crème fraîche hineingeben. Als Garnitur den zerbröselten Ziegenkäse und den fein gehackten Schnittlauch darüberstreuen. Sofort servieren.

Felix Felicis

MIT ALKOHOL

ZUTATEN
FÜR CA. 1 L FLÜSSIGES GLÜCK

500 g Blütenhonig
750 ml Kornbrand
1 Zimtstange
1 Vanilleschote
1 Kardamomkapsel
Etwas Zimtblüte
1–2 Nelken

Außerdem erforderlich:
2–3 kleinere oder 1 große Zaubertrankflasche, essbarer Glitzer oder Blattgold, großes Einweckglas

1. Den Honig in das Einweckglas geben. Den Korn darübergießen und so lange verrühren, bis sich der Honig vollständig aufgelöst hat. Anschließend alle Gewürze hinzufügen, das Glas verschließen und 3–4 Wochen an einem kühlen, dunklen Ort ziehen lassen. Alle paar Tage kräftig schütteln.
2. Den fertigen Likör durch ein feines Sieb seihen und in die heiß ausgewaschenen Flaschen füllen. Etwas essbaren Glitzer oder kleine Stückchen essbares Blattgold hineingeben, um dem Ganzen einen möglichst magischen Look zu verleihen. Die Flaschen fest verschließen und gut durchschütteln.
3. Optional mit einem hübschen Etikett versehen.

DOBBYS HAUSELFEN-TIPP: Je länger der Honiglikör zieht, desto köstlicher schmeckt er!

GRYFFINDOR

Saftig gebratene Hähnchenschenkel

ZUTATEN
FÜR 2–3 PORTIONEN

1 kg Hähnchenschenkel
1 EL getrockneter Salbei
1 EL getrockneter Rosmarin
2 EL getrockneter Thymian
2 EL Paprikapulver (edelsüß)
1 EL Salz
1 EL Cayennepfeffer
100 g Butter, in Würfeln

1. Den Backofen auf 160 °C Umluft vorheizen. Ein Ofengitter in die mittlere Schiene schieben; darunter eine große Schale mit einem Fingerbreit Wasser stellen, um herabtropfendes Fett aufzufangen.
2. Die Hähnchenschenkel kurz abspülen und mit Küchenpapier tropfentupfen.
3. Den Salbei, den Rosmarin, den Thymian, das Paprikapulver, das Salz und den Cayennepfeffer in einer kleinen Schüssel vermengen. Die Hälfte der Butter in der Mikrowelle schmelzen und mit den Gewürzen zu einer Paste vermischen. Die Hühnerschenkel ringsum mit der Hälfte der Würzmischung einpinseln und auf das Ofengitter legen. 40 Minuten locker mit Alufolie abgedeckt im Backofen garen; dabei alle 20 Minuten wenden und mit der Würzmischung bepinseln.
4. Ist die Garzeit um, die Hühnerschenkel mit der übrigen Würzmischung einpinseln, die Alufolie entfernen und die Temperatur auf 220 °C Oberhitze erhöhen, damit die Haut schön knusprig wird. Anschließend aus dem Ofen nehmen, auf einem großen Teller anrichten und sofort servieren.

Königinpasteten

ZUTATEN
FÜR 4 PORTIONEN

2 EL Olivenöl
1 Zwiebel, fein gewürfelt
2 Knoblauchzehen, fein gewürfelt
600 g Hühnerbrust, grob gewürfelt
1 EL Butter
300 g Champignons, in dünne Scheiben geschnitten
50 g Mehl
60 ml trockener Weißwein
500 ml Hühnerbrühe
150 g Crème fraîche
50 g TK-Erbsen
1 EL Zitronensaft, frisch gepresst
1 Prise Zucker
Salz, Pfeffer
4 große Blätterteig-Pasteten (küchenfertig)
Etwas frische Petersilie, fein gehackt
Etwas Preiselbeermarmelade (optional)

1. In einer Pfanne bei mittlerer Hitze das Olivenöl erwärmen. Die Zwiebel und den Knoblauch andünsten, bis beides weich ist (ca. 3–4 Minuten). Danach das Hühnerfleisch hinzufügen und von allen Seiten leicht bräunlich anbraten. Das Fleisch dann in eine Schüssel geben und beiseitestellen.

2. Nun die Butter und die Pilze in die Pfanne geben, die Hitze auf niedrig reduzieren und 5 Minuten garen. Anschließend in mehreren kleinen Schüben das Mehl über die Champignons streuen und weitergaren; dabei gut umrühren, damit alles gründlich miteinander vermengt ist. Nach weiteren 5 Minuten nacheinander den Weißwein, die Brühe und die Créme fraîche einrühren und sanft köcheln lassen, bis das Ganze merklich eingedickt ist. Die TK-Erbsen dazugeben, den Zitronensaft und eine Prise Zucker hinzufügen und nach Belieben mit Salz und Pfeffer würzen. Jetzt das Hühnerfleisch wieder dazugeben und bei Bedarf nachwürzen. Das Ragout bei niedriger Hitze so lange weiterköcheln lassen, bis das Fleisch warm ist.

3. In der Zwischenzeit den Ofen auf 175 °C Umluft vorheizen. Die »Deckel« der Blätterteigpasteten abheben (ggf. mit dem Messer abschneiden) und die Pasteten ca. 6–8 Minuten im Ofen backen, bis sie goldbraun sind. Dann auf die Teller geben und mit dem Ragout füllen. Mit etwas frischer Petersilie garnieren und nach Belieben mit einem Klecks Preiselbeermarmelade servieren.

Haferbrei mit frischen Früchten

ZUTATEN
FÜR 2 PORTIONEN

35 g grobe Haferflocken
200 ml Milch
3 EL Zucker
1 Banane, in mundgerechten Stücken
2 Handvoll frische Blaubeeren, Himbeeren (oder andere Beeren nach Wahl)
2 Prisen Zimt

1. In einem kleinen Topf bei mittlerer Hitze unter ständigem Rühren die Haferflocken, die Milch und den Zucker zum Kochen bringen. So lange köcheln lassen, bis der Brei so weit eingekocht ist, dass er die gewünschte Konsistenz besitzt. Dabei unbedingt darauf achten, dass nichts anbrennt!
2. Den Topf vom Herd nehmen, die Bananenstücke hineingeben und grob zerdrücken. 5 Minuten abkühlen lassen.
3. Gleichmäßig auf zwei Schalen verteilen, die frischen Beeren darauf geben, jeweils mit einer Prise Zimt bestreuen und sofort servieren.

DOBBYS HAUSELFEN-TIPP: Natürlich kann man den Haferbrei – vor allem im Sommer – auch gekühlt genießen!

Frittierte grüne Tomaten

ZUTATEN
FÜR 2–3 PORTIONEN

1 Ei
125 ml Buttermilch
40 g Mehl
40 g Maismehl
1 EL Salz
1 EL Pfeffer
5 grüne Tomaten
1 l Frittieröl
Etwas Meersalz
150 ml Kräuter-Salatdressing

1. Das Ei und die Buttermilch in einem tiefen Teller verquirlen. Das Mehl, das Maismehl, das Salz und den Pfeffer in einem separaten tiefen Teller vermischen.

2. Die Tomaten waschen, trockentupfen und in ca. 8 mm dicke Scheiben schneiden. Erst in der Ei-Buttermilch-Mischung, dann in der Mehl-Mixtur wenden. Dabei darauf achten, dass die Tomatenscheiben vollständig von der Panierung umschlossen sind.

3. Das Frittieröl in einen hohen Topf geben und bei starker Hitze auf 160 °C erwärmen. Um zu testen, ob das Öl heiß genug ist, probeweise eine der panierten Tomatenscheiben auf einem Schaumlöffel hineingeben; steigen zischend Bläschen auf, ist das Fett bereit. Dann einige Scheiben mit ausreichend Abstand zueinander ca. 2–3 Minuten knusprig ausbacken; dabei hin und wieder das Öl mit dem Schaumlöffel umrühren. Die fertig frittierten Tomatenscheiben herausnehmen und auf einen mit Küchenpapier ausgelegten Teller geben, damit das überschüssige Fett abtropfen kann. Diesen Vorgang mit allen Tomaten wiederholen.

4. Die fertig frittierten Tomaten auf einem Servierteller arrangieren, mit Meersalz bestreuen und mit einem Kräuter-Salatdressing als Dip servieren.

Fasan mit Linsengemüse und Bratmaiskolben

ZUTATEN
FÜR 2–3 PORTIONEN

Für den Fasan:

1 Fasan, küchenfertig (ca. 1 kg)

Salz, Pfeffer

20 g Butter zzgl. noch mehr zum Bepinseln des Fasans

10–15 Streifen Frühstücksspeck

Für das Linsengemüse:

2 EL Öl

1 Zwiebel, fein gehackt

1 rote Paprika, fein gewürfelt

200 ml trockener Weißwein

300 ml Hühnerbrühe

150 g rote Linsen

2 EL Obstessig

Salz, Pfeffer, Thymian

Etwas frische Petersilie, fein gehackt

Für die Bratmaiskolben:

1 EL Butter

1 EL Zucker

4 Zuckermaiskolben, ohne Blätter und Fäden

2 Knoblauchzehen, geschält

100 g weiche Butter

1 Bund gemischte Kräuter (z. B. Rosmarin, Thymian, Oregano), fein gehackt

Salz

6 EL Öl, zum Bestreichen

Den Fasan zubereiten:

1. Die roten Linsen über Nacht in einer Schüssel mit Wasser einweichen. Dann abgießen und abtropfen.
2. Den Backofen auf 175 °C Umluft vorheizen.
3. Den Fasan waschen, innen und außen trockentupfen, mit Salz und Pfeffer einreiben und die Butter in den Vogel geben. Den Fasan mit der Brust nach oben in einen kleinen Bratentopf oder eine Auflaufform setzen, nahtlos mit den Speckstreifen belegen und ca. 50–60 Minuten auf mittlerer Schiene im Ofen braten. Alle 10 Minuten ringsum mit geschmolzener Butter einpinseln.

Das Linsengemüse zubereiten:

4. In der Zwischenzeit bei mittlerer Hitze das Öl in einer großen Pfanne erwärmen. Die Zwiebel andünsten, dann die Paprikawürfel hinzugeben und kurz anschwitzen. Mit dem Weißwein ablöschen, mit dem übrigen Wein und der Hühnerbrühe aufgießen und 5 Minuten köcheln lassen. Die Linsen hinzufügen, mit dem Essig, Salz, Pfeffer und Thymian würzen und weitere 10–15 Minuten garen, bis die Linsen gar sind. Etwas frisch gehackte Petersilie unterheben.

Die Bratmaiskolben zubereiten:

5. In einem großen Topf bei mittlerer Hitze reichlich Wasser zum Kochen bringen. Die Butter und den Zucker hineingeben und die Maiskolben darin ca. 10 Minuten vorgaren.
6. Derweil die Knoblauchzehen durch die Presse drücken. In einer Schüssel mit der Butter, den Kräutern und einer Prise Salz vermischen. Locker mit Frischhaltefolie abgedeckt 15 Minuten in den Kühlschrank stellen.
7. Die Maiskolben abgießen und trockentupfen. In einer großen Pfanne das Öl erwärmen und die Maiskolben darin ca. 8–10 Minuten ringsum scharf anbraten; dabei immer wieder großzügig mit der Kräuterbutter bestreichen.

Dumbledores Lieblingstee

ZUTATEN
FÜR 4–5 KANNEN TEE

20 g Pfefferminze
10 g Zitronenverbene
10 g Oregano (Blüten und Blätter)
10 g gemischte Blüten (z. B. Holunder, Malve, Ringelblume)
1 EL geraspeltes Süßholz
1 Vanilleschote, in kleinen Stücken
100 g Schwarzer Tee
Honig (optional)

1. Ein Backblech mit Backkapier auslegen. Die Pfefferminze, die Zitronenverbene, den Oregano und die gemischten Blüten darauf verteilen. Entweder mehrere Tage an einem warmen, trockenen Ort oder bei 60 °C ca. 3 Stunde im Backofen trocknen. Dann sorgfältig die Blätter und die Blüten abzupfen; den Rest entsorgen.
2. Die getrockneten Kräuter mit Mörser und Stößel grob mahlen.
3. In einer kleinen Schüssel das geraspelte Süßholz und die Vanilleschote mit dem Tee vermischen. Die gemahlenen Kräuter dazugeben und alles miteinander vermengen.
4. Zur Zubereitung des Tees 4–5 TL der Kräuter-Mischung in ein Teeei geben, in eine Kanne hängen, mit kochendem Wasser aufgießen und nicht länger als maximal 5 Minuten ziehen lassen.
5. Das Teeei anschließend herausnehmen und sofort servieren. Den Tee dabei am besten durch ein feines Sieb in die Tassen füllen, um sicherzugehen, dass keine Rückstände mit hineingeraten. Nach Belieben mit etwas Honig süßen.

DOBBYS HAUSELFEN-TIPP: In einer kleinen Dose ist diese Teemischung mehrere Monate lang haltbar!

OWL MAIL POST
Harry Potter

Hedwig die Muffin-Eule

ZUTATEN
FÜR 12 MUFFIN-EULEN

Für den Teig:
30 g weiche Butter
120 g Erdnussbutter
1 Päckchen Vanillezucker
130 g Rohrzucker
2 Eier
1 Prise Salz
1 TL Backpulver
130 g Mehl
70 ml Milch

Für die Creme:
130 g Butter, bei Zimmertemperatur
130 g Puderzucker
130 g Frischkäse, bei Zimmertemperatur

Für die Dekoration:
24 Oreo-Kekse oder andere Schokoladenkekse mit Vanillefüllung
24 schwarze Schokolinsen
12 orangefarbene Schokolinsen

Außerdem erforderlich:
12er-Muffin-Backform, 12 Muffin-Papierförmchen

1. Den Backofen auf 180 °C Ober-/Unterhitze vorheizen. Ein 12er-Muffin-Blech mit Papierförmchen bestücken.
2. Die Butter, die Erdnussbutter, den Vanillezucker und den Rohrzucker in einer Schüssel schaumig schlagen. Eins nach dem anderen die Eier unterrühren, das Salz dazugeben und alles gründlich miteinander vermischen.
3. In einer separaten Schüssel das Backpulver mit dem Mehl vermischen und sieben. Dann abwechselnd die Mehl-Backpulver-Mischung und die Milch zu der Butter-Zucker-Mixtur geben und beständig weiter rühren, bis ein cremiger Teig entsteht. Den Teig gleichmäßig auf die Muffin-Papierförmchen verteilen und auf mittlerer Schiene 20 Minuten im Ofen backen. Dann auf einem Kuchengitter in der Form auskühlen lassen.
4. In der Zwischenzeit die Butter und den Puderzucker in einer separaten Schüssel hell und luftig aufschlagen. Den Frischkäse unterrühren und zum Abkühlen 30 Minuten in den Kühlschrank stellen.
5. Die Muffins in den Papierförmchen behutsam aus dem Backblech lösen. Die abgekühlte Creme in einen Spritzbeutel oder einen Gefrierbeutel mit abgeschnittener Ecke geben und gleichmäßig auf die Muffins spritzen.
6. Die Kekshälften vorsichtig voneinander trennen, am besten mit einer Drehbewegung, sodass die Vanillefüllung auf einer Hälfte »kleben« bleibt. Die andere Hälfte mit einem scharfen Messer mittig durchschneiden. Die »ganzen« Kekshälften mit der Füllung nach oben als »Augen« behutsam in die Creme drücken. Dann je eine schwarze Schokolinse als »Pupille« anbringen. Die halben Kekse als »Augenbrauen« in die Creme drücken. Als Schnabel jeweils eine orangefarbene Schokolinse schräg in der Creme platzieren. Einige Minuten fest werden lassen.

Hagrids Kochversuche

Der Halbriese Rubeus Hagrid mag mit seiner zotteligen Mähne und dem wild wuchernden Vollbart auf den ersten Blick ziemlich beängstigend wirken, doch ungeachtet seines ruppigen Äußeren ist der Wildhüter von Hogwarts eine herzensgute Seele und einer von Harrys besten Freunden. Er ist es, der den »Jungen, der überlebt hat« aus seiner Quasi-Gefangenschaft bei den Dursleys befreit und ihm die Augen für die Zauberwelt öffnet, und er ist es auch, der Harry die allererste Geburtstagstorte seines Lebens schenkt. Auch sonst lässt er Harry und die anderen in seiner schier grenzenlosen Güte immer wieder an seinen Kochversuchen teilhaben – schade nur, dass der Umgang mit Herd und Ofen nicht unbedingt zu Hagrids größten Talenten gehört: Seine Felsenkekse z. B. tragen ihren Namen nicht von ungefähr, da man aufpassen muss, sich daran nicht die Zähne auszubeißen ... Doch wie in alles, was er anpackt, steckt der gutmütige Halbriese auch in seine Koch- und Backwerke sein ganzes Herz, und das ist es schließlich, worauf es in der Küche vor allem anderen ankommt!

HAPPEE
BIRTHDEE
HARRY

Harrys Geburtstagstorte

ZUTATEN FÜR 1 TORTE

Für die Schokoladentorte:

320 g Butter
200 g Zartbitterschokolade, grob gehackt
8 Eier
250 g Zucker
1 TL Vanilleextrakt
1 Prise Salz
30 g Backkakao
2 gestrichene TL Backpulver
190 g Mehl

Für die Buttercreme:

1 Päckchen Vanillepuddingpulver
400 ml Milch
30 g Zucker
190 g Butter, bei Zimmertemperatur
50 g Puderzucker
Grüne Lebensmittelfarbe
Rote Lebensmittelfarbe

Außerdem erforderlich:
Springform (ca. 25 cm Ø)

1. Den Backofen auf 160 °C Ober-/Unterhitze vorheizen. Den Boden der Springform mit Backpapier auslegen.
2. Die Butter bei niedriger Temperatur in einem Topf zerlassen. Die Schokolade hinzufügen und ebenfalls schmelzen. Die Schokomasse anschließend einige Minuten abkühlen lassen.
3. Die Eier, den Zucker, das Vanilleextrakt und das Salz in einer Schüssel verrühren. Die abgekühlte Schokomasse hinzugeben; dabei kräftig weiterrühren.
4. In einer separaten Schüssel den Backkakao und das Backpulver mit dem Mehl vermischen, zu den feuchten Zutaten geben und alles zu einem glatten Teig verarbeiten. In die Springform füllen und im vorgeheizten Ofen ca. 30–35 Minuten backen bzw. so lange, bis ein Zahnstocher, den man in die Mitte des Kuchens pikst, sauber wieder herauskommt. Den Kuchen dann auf einen Teller stürzen und vollständig abkühlen lassen. Das Backpapier abziehen und den Kuchen waagerecht einmal mittig durchschneiden.
5. Den Pudding nach Packungsanleitung zubereiten, dabei allerdings bloß mit 400 ml Milch und 2 EL Zucker aufkochen (also mit weniger als angegeben). Den Pudding dann mit Frischhaltefolie abdecken und bis auf Zimmertemperatur abkühlen lassen. Wichtig: Zum Verarbeiten müssen die Butter und der Pudding dieselbe Temperatur haben!
6. Die zimmerwarme Butter und den gesiebten Puderzucker in eine Schüssel geben und mit einem Rührgerät schaumig schlagen. Dann löffelweise den Pudding hinzufügen und auf höchster Stufe weiter verarbeiten. Ein Viertel der Creme für die Füllung beiseitestellen. Von der restlichen Creme einen kleinen Teil für die Schrift abnehmen und mit grüner Lebensmittelfarbe einfärben. Den Rest mit roter Lebensmittelfarbe rosa färben.
7. Den unteren Teigboden auf eine Tortenplatte legen und gleichmäßig mit der nicht eingefärbten Buttercreme bestreichen. Den zweiten Boden oben drauflegen, leicht andrücken und die ganze Torte mit der rosafarbenen Creme bestreichen.
8. Die grüne Buttercreme in einen Spritzbeutel mit feiner Tülle oder einen Gefrierbeutel mit abgeschnittener Ecke geben und den Geburtstagsgruß HAPPEE BIRTHDAE, HARRY! (oder einen eigenen) aufspritzen. Wer es besonders authentisch will, kann außerdem noch den charakteristischen Riss in die Torte ritzen.

Felsenkekse

ZUTATEN
FÜR CA. 12 FELSENKEKSE

225 g Mehl
1 Päckchen Backpulver
110 g sehr kalte Butter
110 g Zucker
1 gestrichener TL Zimt
1 Prise Muskatnuss
1 Prise Salz
1 Ei
1–2 EL Milch
100 g Schokodrops

1. Den Backofen auf 180 °C vorheizen. Ein Backblech mit Backpapier auslegen.
2. Das Mehl fein sieben und in einer Schüssel mit dem Backpulver vermischen. Die Butter in kleine Stücke schneiden und in das Mehl einkneten, bis die Masse geschmeidig aussieht. Den Zucker und die Gewürze dazugeben und grob einarbeiten.
3. Das Ei verquirlen und bei Bedarf mit etwas Milch der Teigmischung hinzufügen. Alles mit einem Teigschaber verrühren, bis der Teig von der Konsistenz her an grobes Paniermehl erinnert. Nun behutsam die Schokodrops einarbeiten.
4. Mit einem Esslöffel tischtennisballgroße »Teigkleckse« auf das Backblech geben; dabei zwischen den Keksen jeweils ca. 5 cm Abstand lassen. Im vorgeheizten Ofen 17–20 Minuten backen bzw. so lange, bis die Felsenkekse goldbraun sind. Dann aus dem Ofen nehmen und auf einem Kuchengitter abkühlen lassen.

Arachnideneier

ZUTATEN
FÜR 8 PORTIONEN

2 Avocados
2 TL Zitronensaft, frisch gepresst
2 EL Frischkäse
3 TL Wasabipaste
8 große Eier
500 ml Blaubeersaft
Salz, Pfeffer
Schwarze Sesamkörner

1. Die Avocados längs halbieren und mit einem Löffel das Fruchtfleisch entfernen. Das Fruchtfleisch zusammen mit dem Zitronensaft, dem Frischkäse und dem Wasabi in eine mittelgroße Schüssel geben und beiseitestellen. 10 Minuten durchziehen lassen.
2. In der Zwischenzeit in einem mittelgroßen Topf Wasser zum Kochen bringen. Die Eier hineingeben und 8–10 Minuten hartkochen. Das Wasser abgießen und die Eier in einem Eisbad abschrecken.
3. Die hartgekochten Eier nicht pellen, sondern bloß leicht mit einem Esslöffel anschlagen, sodass die Schale ringsum feine Risse bekommt. Den Blaubeersaft in eine Schüssel geben und die Eier vorsichtig so hineinlegen, dass sie komplett mit Saft bedeckt sind. Nun mindestens 3 Stunden, am besten jedoch über Nacht in den Kühlschrank stellen, damit der Saft richtig in die Eier einziehen kann.
4. Die Eier – die jetzt über und über von dunklen »Äderchen« durchzogen sind – aus dem Saft nehmen und behutsam pellen. Halbieren und mit einem Löffel vorsichtig das Eigelb entfernen. Das Eigelb in die Schüssel mit den Avocados, dem Wasabi und den übrigen Zutaten geben und mit einem Stabmixer fein pürieren. Mit Salz und Pfeffer abschmecken.
5. Die Creme in einen Spritzbeutel geben und in die Eierhälften füllen. Sparsam etwas schwarzen Sesam über die Füllung streuen. Sofort servieren.

Rosinenbrötchen

ZUTATEN
FÜR 12 ROSINENBRÖTCHEN

150 g Rosinen
40 ml Milch zzgl. 1 EL, zum Bepinseln
125 g Butter
400 g Mehl
1 Päckchen Trockenhefe
125 g Magerquark
80 g Zucker
1 Ei
1 Eiweiß
1 Prise Salz
1 Eigelb

1. Die Rosinen in eine Schüssel geben, mit Wasser bedecken und ca. 1 Stunde einweichen. Dann durch ein Sieb abgießen und gut abtropfen lassen.
2. In einem kleinen Topf bei mittlerer Hitze die Milch erwärmen. Die Butter hinzufügen und schmelzen lassen.
3. In einer Rührschüssel das Mehl und die Trockenhefe vermischen. Den Magerquark, den Zucker, das Ei, das Eiweiß und das Salz hinzufügen und mit einem elektrischen Rührgerät mit Knethaken zu einem glatten Teig verarbeiten. Abgedeckt mit einem sauberen Geschirrtuch 40 Minuten an einem warmen Ort gehen lassen.
4. Den Teig auf einer leicht mit Mehl bestreuten Arbeitsfläche ausbringen und kurz mit den Händen durchkneten. Dann gleichmäßig die Rosinen einarbeiten, den Teig zu einer Rolle formen und in 12 gleichgroße Stücke schneiden. Diese Teigstücke jeweils zu runden Brötchen formen, auf das Backblech legen und an einem warmen Ort abgedeckt 30 Minuten gehen lassen.
5. Inzwischen den Backofen auf 160 °C Ober-/Unterhitze vorheizen und ein Backblech mit Backpapier auslegen.
6. In einer kleinen Schüssel das Eigelb mit 1 EL Milch verrühren, die Rosinenbrötchen damit einpinseln und die Brötchen ca. 20 Minuten backen bzw. so lange, bis sie goldbraun sind. Aus dem Ofen nehmen und vor dem Verzehr einige Minuten abkühlen lassen!

Dobbys Hauselfenküche

Viele der »niederen« Arbeiten in der Zauberwelt werden seit jeher von Hauselfen erledigt. Einer davon ist Dobby. Nachdem das liebenswerte kleine Männlein mit den untertassengroßen Augen lange Jahre unter der Knute der tyrannischen Familie Malfoy stand, befreit Harry ihn mit einem Trick aus der Sklaverei: Mit einer Socke sorgt er dafür, dass Dobby endlich die Freiheit erlangt, nach der er sich schon so lange sehnt. Dobby tut alles, um sich dafür erkenntlich zu zeigen, nicht bloß, indem er Harry im Kampf gegen Ihr-wisst-schon-wen unterstützt, sondern auch, indem er dafür sorgt, dass Harry und »Dumbledores Armee« stets gestärkt an Leib und Seele in die Schlacht ziehen. Und wenn man bedenkt, dass all die köstlichen Speisen auf den üppig gedeckten Tafeln von Hogwarts von Hauselfen zubereitet werden, kann man sicher sein, dass Dobby sein Handwerk bestens versteht!

OUSE-ELVES
COME HERE!

Dobbys Gemüse-Frittata

ZUTATEN
FÜR 2–3 PORTIONEN

75 g rote Linsen, eingeweicht
2 TL Olivenöl
1 große rote Zwiebel, fein gehackt
2 Karotten, fein gehackt
1 rote Paprika, fein geschnitten
1 grüne Paprika, fein geschnitten
200 ml Gemüsebrühe
6 Eier
100 ml Sahne
Salz, Pfeffer, Muskatnuss
2 Frühlingszwiebeln, nur der Lauch, fein geschnitten
1 kleine Chili, fein geschnitten

1. Die Linsen in eine Schüssel geben und vollständig mit Wasser bedeckt über Nacht einweichen. Dann das Wasser durch ein Sieb abgießen.

2. In einer mittelgroßen beschichteten Bratpfanne bei mittlerer Hitze das Olivenöl erwärmen. Die Zwiebel hineingehen und glasig dünsten. Die Karotten und die Paprika hinzufügen und 5 Minuten unter regelmäßigem Wenden anschwitzen. Mit Gemüsebrühe ablöschen, mit der restlichen Brühe aufgießen und abgedeckt ca. 5 Minuten sanft köcheln lassen.

3. Die eingeweichten Linsen dazugeben. Zugedeckt ca. 5 Minuten dünsten, bis alle Flüssigkeit aufgesogen wurde.

4. In der Zwischenzeit in einer Schüssel mit hohem Rand die Eier und die Sahne miteinander verquirlen. Mit Salz, Pfeffer und etwas Muskatnuss würzen, über die Gemüse-Mischung in der Pfanne gießen, einmal alles gründlich verrühren und dann bei schwacher Hitze zugedeckt stocken lassen, bis die Frittata so fest ist wie gewünscht.

5. Die Frittata sofort in der Pfanne am Tisch servieren. Hierzu den fein geschnittenen Frühlingslauch und nach Belieben etwas Chili darüberstreuen.

Dobbys Truthahn-Sloppy Joe

ZUTATEN
FÜR 4 PORTIONEN

Für den Sloppy Joe:

2 EL Olivenöl
2 große rote Zwiebeln, fein gehackt
500 g Putenhack
1 grüne Paprika, fein gehackt
2 Gewürzgurken, fein gewürfelt
10 g Rohrzucker
1 EL Essig
150 ml Ketchup
2 EL Senf
1 Prise Nelkenpulver
Salz, frisch gemahlener schwarzer Pfeffer
4 Hamburger-Brötchen

Für die Pommes frites:

1 kg Kartoffeln (mehligkochend)
1 l neutrales Öl, zum Frittieren
Grobes Meersalz

1. In einer großen Pfanne bei mittlerer Hitze das Olivenöl erwärmen. Die Zwiebeln hineingeben und scharf anbraten. Das Putenhack hinzufügen und unter stetem Rühren so lange anbraten, bis das Fleisch etwas Farbe bekommen hat. Nun das überschüssige Fett abgießen, die Paprikastücke und die Gurkenwürfel hinzufügen, alles gut miteinander vermischen und weitere 3–4 Minuten schmoren. Schließlich den Rohrzucker, den Essig, den Ketchup, den Senf und das Nelkenpulver dazugeben, mit Pfeffer und Salz würzen und 30 Minuten offen köcheln lassen. Gelegentlich umrühren.
2. Die Kartoffeln schälen und in ca. 1 cm durchmessende Stäbchen schneiden. Die Kartoffelstäbchen in eiskaltes Wasser legen, damit die Stärke austreten kann.
3. Derweil das Frittieröl in einen hohen Topf geben und bei starker Hitze auf 160 °C erwärmen. Um zu testen, ob das Öl heiß genug ist, probeweise ein Kartoffelstäbchen hineingeben; wenn zischend Bläschen aufsteigen, ist das Fett bereit. Dann die Kartoffelstäbchen aus dem Eiswasser nehmen, gründlich mit Küchenpapier trockentopfen und in mehreren Chargen (je nach Topfgröße) ca. 4–5 Minuten frittieren, bis die Pommes blassgelb sind. Dann mit einer Schaumkelle herausheben und auf einem mit Küchenpapier ausgelegten Teller das überschüssige Fett abtropfen lassen. So alle Pommes vorfrittieren; dabei zwischendurch bei Bedarf das Öl wieder etwas erhitzen.
4. Das Öl nun auf 190 °C erhitzen. Die Pommes frites portionsweise ein zweites Mal frittieren, bis sie knusprig und goldbraun sind. Die fertigen Pommes aus dem Öl heben, wiederum auf einem mit Küchenpapier ausgelegten Teller abtropfen lassen und mit grobem Meersalz bestreuen.
5. Die Hamburger-Brötchen kurz toasten, aufschneiden und mit der eingedickten Hackmischung füllen. Zusammen mit den Pommes frites auf großen, flachen Tellern anrichten und nach Belieben mit Mayonnaise oder Ketchup servieren.

Dobbys Farfalle mit Brokkolisoße

ZUTATEN
FÜR 2–3 PORTIONEN

1 EL Butter
1 Schalotte, fein gehackt
1 Knoblauchzehe, fein gehackt
300 g TK-Brokkoli
100 ml Gemüsebrühe
200 g Mini-Farfalle
½ Bund Petersilie, fein gehackt
100 g Crème fraîche
Salz, Pfeffer
Muskatnuss, frisch gerieben
50 g Ricotta

1. In einem Topf die Butter zerlassen und die Schalotten und den Knoblauch glasig dünsten. Den TK-Brokkoli und die Gemüsebrühe dazugeben, alles kurz aufkochen und zugedeckt bei mittlerer Hitze 6–7 Minuten köcheln lassen.
2. In der Zwischenzeit in einem großen Topf mit viel stark gesalzenem Wasser nach Packungsanleitung die Mini-Farfalle al dente (also bissfest) garen.
3. ¾ der fein gehackten Petersilie und die Crème fraîche zur Brokkolisoße geben. Alles mit dem Pürierstab fein pürieren und schaumig mixen. Mit Salz, Pfeffer und frisch geriebener Muskatnuss würzen.
4. Die Nudeln abgießen, abtropfen lassen und unter die Brokkolisoße heben. In tiefen Tellern anrichten. Den Ricotta zerbröseln und darüberstreuen. Mit der übrigen Petersilie garnieren.

Dobbys scharfer Ananassalat

ZUTATEN
FÜR 4 PORTIONEN

500 g Ananas (am besten frisch, alternativ aus der Dose)

1 Zucchini

1 große rote Zwiebel, fein gewürfelt

1 Salatgurke, gewürfelt

Saft und Abrieb von 1 Limette

1 rote Chilischote, fein geschnitten

½ Bund frischer Koriander, fein gehackt

Frisch gemahlener schwarzer Pfeffer

Außerdem erforderlich:

Spiralschneider

1. Die Ananas schälen und den holzigen Strunk entfernen. Das Fruchtfleisch in mundgerechte Stücke schneiden und in eine große Schüssel geben.
2. Die Zucchini mit dem Spiralschneider in dünne »Zudeln« (Zucchini-Nudeln) schneiden.
3. Die »Zudeln« zusammen mit der Zwiebel und der Salatgurke zu den Ananasstücken geben und alles behutsam miteinander vermischen. Den Saft und den Abrieb der Limette, die Chilischote und den Koriander unterheben. Mit etwas frisch gemahlenem Pfeffer würzen und 15 Minuten ziehen lassen. Überschüssige Flüssigkeit abgießen.
4. Unmittelbar vor dem Servieren alles nochmal gründlich durchmischen. Dazu am besten frisches Baguette reichen.

Die Todestagsfeier vom Fast kopflosen Nick

Der Fast kopflose Nick – eigentlich Sir Nicholas de Mimsy-Porpington – ist der Hausgeist von Gryffindor und verdankt den unglücklichen Umstand, seit über 500 Jahren tot zu sein, einem dummen Missverständnis: Als er anno 1492 einer Adeligen mit einem Zauberspruch die schiefen Zähne richten wollte, wuchsen der Hochwohlgeborenen stattdessen ein Paar unschöne Fangzähne. Doch anstatt Sir Nicholas seinen Patzer korrigieren zu lassen, wurde er kurzerhand zum Tode verurteilt und mit sage und schreibe 45 Hieben mit einer offenkundig ziemlich stumpfen Axt zwar nur fast enthauptet, aber doch sehr vollständig hingerichtet. Seitdem spukt er in Hogwarts herum, wo er zum Gedenken seines Todestags alljährlich am 31. Oktober eine Feier veranstaltet, zu der in ihrem ersten Jahr an der Zauberschule auch Harry, Ron und Hermine eingeladen sind – selbst wenn sie auf diese Ehre angesichts der doch eher fragwürdigen Speisenauswahl ihres Gastgebers lieber verzichtet hätten …

Maden-Haggis

ZUTATEN
ÜR 4 PERSONEN

1 Schafsmagen
1 Schafsniere
1 Schafsherz
1 Schafslunge
1 Lorbeerblatt
4 Wacholderbeeren
1 Nelke
2 Zwiebeln, fein gewürfelt
100 g Nierenfett
1 Schafsleber
200 g Hafermehl
Salz, Pfeffer
1 Prise Muskatnuss
1 Prise Cayennepfeffer

Außerdem erforderlich:
Nähnadel, Küchengarn

1. Den Schafsmagen sorgsam waschen; die Hautlappen und das Fett entfernen und den Magen über Nacht in kaltem Salzwasser einweichen. Den Magen dann umstülpen, innen gründlich waschen und mit der stumpfen Seite eines Messers vorsichtig abschaben.
2. Die Niere, das Herz und die Lunge in einen großen Topf geben und mit kaltem, kräftig gesalzenem Wasser bedecken. Das Lorbeerblatt, die Wacholderbeeren und die Nelke dazugeben, bei mittlerer Hitze zum Kochen bringen und ca. 1½ Stunden unabgedeckt köcheln lassen. Dann vom Herd nehmen, die Brühe durch ein Sieb in einen anderen Topf abgießen und die gekochten Innereien beiseitestellen.
3. In einer Pfanne bei mittlerer Hitze die Zwiebeln und das Hafermehl ohne Fett goldbraun rösten. Die Hälfte der Leber, das Herz und die Lunge (ggf. vorher die Luftröhre entfernen) fein würfeln. Den Rest der Leber und das Nierenfett grob hacken und in einer separaten Schüssel miteinander vermengen.
4. Das gegarte Fleisch, die Leber-Fett-Mischung und die Hafermehl-Zwiebel-Mixtur in einer großen Schüssel miteinander vermengen und mit Salz, Pfeffer, Muskatnuss und Cayennepfeffer würzen. Nach und nach unter stetem Rühren mit der aufgefangenen Brühe aufgießen, bis eine weiche Masse entsteht.
5. Die Masse in den ausgewaschenen Schafsmagen füllen. Achtung: Den Magen nur zu ⅔ vollmachen, da sich der Hafer beim Kochen ausdehnt! Anschließend behutsam die Luft aus dem Magen drücken, grob mit Nähnadel und Küchengarn zunähen und mehrfach mit einem Messer einstechen. Dann in einem großen Topf bei mittlerer Hitze ohne Deckel ca. 3–4 Stunden kochen; dabei verkochtes Wasser immer wieder auffüllen.
6. Nach dem Kochen die Fäden entfernen und auf einer Servierplatte mit gekochtem weißem »Maden«-Reis anrichten. Vorsicht: Der Magen steht unter Druck! Beim Anschneiden behutsam vorgehen, sonst sind im schlimmsten Fall neue Tapeten fällig!

Verdorbener Fisch

ZUTATEN
FÜR 4 PORTIONEN

2 Bio-Zitronen

1½-2 kg Skorpionfisch, ausgenommen, im Ganzen mit Kopf, alternativ Rotbarsch

75 ml Olivenöl

2 Schalotten, fein gewürfelt

4 Knoblauchzehen, fein gehackt

2 rote Paprika, in schmalen Streifen

200 ml Rotwein (trocken)

250 g Pizzatomaten

2 Lorbeerblätter

1 TL Rosenpaprika

½ TL Cayennepfeffer

Salz

1 kleine Prise Zucker

300 ml Fischfond

Etwas frische Petersilie, fein gehackt

1. Die Zitronen gründlich waschen. Die Schale einer Zitrone abreiben, beide Zitronen auspressen. Die gesäuberten Fische innen und außen großzügig mit dem Zitronensaft einpinseln. Beiseitestellen.
2. In einem großen Schmortopf bei hoher Hitze das Öl erwärmen. Die Schalotten hineingeben und glasig dünsten. Den Knoblauch und die Paprikawürfel kurz mit anschwitzen. Mit dem Rotwein ablöschen. Die Pizzatomaten, die Lorbeerblätter und den Rosenpaprika dazugeben, mit Cayennepfeffer, Salz und einer kleinen Prise Zucker würzen. Mit dem Fischfond aufgießen und bei mittlerer Hitze 5 Minuten köcheln lassen.
3. Die Fische innen und außen salzen, im Ganzen so in die Soße legen, dass sie vollständig von Flüssigkeit bedeckt sind, und 25–30 Minuten köcheln lassen.
4. Abschmecken, etwas Petersilie unterheben, mit weiterer frisch gehackter Petersilie bestreuen und mit Brot oder Reis servieren.

Kohlrabenschwarz verkohltes Gebäck und schimmeliger Käse

ZUTATEN
FÜR 6–8 PORTIONEN

10 g gemahlene Aktivkohle
10 g feines Salz
150 ml Vollmilch
500 g Mehl, Typ 405
25 g Butterschmalz
1 Päckchen Trockenhefe
100 ml Mineralwasser mit Kohlensäure
Etwas Butter
200 g guter Schimmelkäse, am Stück (z. B. Roche Baron-Blauschimmelweichkäse)

Außerdem erforderlich:
Keksausstecher (ca. 8 cm Ø)

1. In einer kleinen Schüssel die Aktivkohle, das Salz und die Milch miteinander verrühren. 10 Minuten ziehen lassen.
2. In einer separaten Schüssel das Mehl, das Butterschmalz und die Trockenhefe vermengen. Das Mineralwasser dazugießen, alles gründlich verrühren und mit den Händen so lange durchkneten, bis ein weicher, elastischer Teig entsteht. Daraus eine Kugel formen, mit einem sauberen Geschirrtuch abdecken und an einem warmen Ort mindestens 1 Stunde gehen lassen.
3. Den Teig mit einem Nudelholz auf einer leicht mit Mehl bestreuten Oberfläche ca. 1 cm dick ausrollen. Mit einem Keksausstecher so viele Teigkreise wie möglich ausstechen. Den übrigen Teig wieder verkneten, erneut ausrollen und weitere Kreise ausstechen, bis der gesamte Teig aufgebraucht ist. Die Teigscheiben mit einem sauberen Geschirrtuch abdecken und nochmals eine halbe Stunde gehen lassen.
4. Eine antihaftbeschichtete Bratpfanne dünn mit Butter einpinseln, bei mittlerer Hitze erwärmen und die Teigscheiben jeweils ca. 2–3 Minuten pro Seite aufbacken. Das fertige Gebäck zum Abtropfen auf einen mit Küchenpapier ausgelegen Teller legen und diesen Vorgang so lange wiederholen, bis alle Scheiben aufgebraucht sind.
5. Am besten warm zusammen mit einem Stück gutem Schimmelkäse und ggf. etwas Butter servieren!

Grabsteinkuchen mit Teerglasur

ZUTATEN
FÜR 1 GRABSTEINKUCHEN

100 g Zartbitterschokolade, grob gehackt
200 g weiche Butter zzgl. noch etwas mehr, zum Einfetten des Backrahmens
170 g Zucker
4 Eier
200 g Schmand
250 g Mehl
2 TL Backpulver
1 Prise Salz
2 EL Backkakao
350 g Sauerkirschenkirsche (aus dem Glas), abgetropft
Etwas Puderzucker, zum Bestreuen (optional)
400 ml Schlagsahne, kalt
2 Päckchen Sahnesteif
2 TL Vanillezucker
Ewas schwarze Lebensmittelfarbe
Dunkle Schokoladensoße, nach Belieben

Außerdem erforderlich:
ein rechteckiger Backrahmen (ca. 28 x 19 cm)

1. Den Backofen auf 180 °C Ober-/Unterhitze vorheizen. Ein Backblech mit Backpapier auslegen und einen Backrahmen daraufsetzen. Den Backrahmen großzügig mit Butter einfetten.
2. Die Zartbitterschokolade in einer Schüssel über einem Wasserbad schmelzen.
3. In einer separaten Schüssel die Butter mit dem Zucker verrühren. Nach und nach die Eier dazugeben und unterrühren. Den Schmand hinzufügen und einarbeiten.
4. In einer dritten Schüssel das Mehl mit dem Backpulver, dem Salz und dem Kakao vermengen und zu der Butter-Schmand-Mischung geben. Alles gut verrühren. Dann die geschmolzene Schokolade und die sorgsam abgetropften Kirschen unterheben.
5. Den Teig in den Backrahmen geben und die Oberseite glattstreichen. Im vorgeheizten Ofen ca. 50–55 Minuten backen bzw. so lange, bis an einem Zahnstocher, den man in die Mitte pikst, beim Herausziehen nichts mehr kleben bleibt. Dann aus dem Ofen nehmen und abkühlen lassen. Den Backrahmen entfernen. Optional mit etwas Puderzucker bestreuen. Anschließend bis zum Verzieren im Kühlschrank kaltstellen.
6. In einer Rührschüssel die kalte Schlagsahne mit dem Sahnesteif und dem Vanillezucker steif schlagen. Einige Tropfen schwarze Lebensmittelfarbe einrühren, bis die Sahne ein hübsches Grabsteingrau annimmt. Die gefärbte Schlagsahne auf den Kuchen geben und mit einem Spatel gleichmäßig die Oberseite und die Seiten damit bestreichen. Dunkle Schokoladensoße als »Teer« über den »Grabstein« laufen lassen. Da freut sich der Hausgeist!

Zauberhaftes aus der Zauberwelt

Jenseits der tristen Schleier unserer Welt liegt noch eine andere verborgen – eine Welt, in der Magie und Hexerei so alltäglich sind wie bei uns die Müllabfuhr, schlechtes Wetter oder die Steuern, in der Eulen die Post bringen, Filzhüte sprechen und freundliche Riesen mit rosa Regenschirmen auf Motorrädern durch die Lüfte knattern. Leider sind wir Muggel blind für diese Welt mit all ihren kleinen und großen Wundern. Das ist jedoch kein Grund zu verzagen, denn auch wenn es uns verwehrt bleibt, durch die Winkelgasse zu spazieren, uns im *Honigtopf* mit Süßigkeiten einzudecken oder in Pubs wie dem *Drei Besen* oder dem *Tropfenden Kessel* das eine oder andere Butterbier zu genießen, so können wir uns doch zumindest an einigen Spezialitäten dieser Zauberwelt erfreuen, die sich mit etwas Phantasie und Geschick auf überaus irdische Weise »herbeizaubern« lassen – ganz ohne irgendwelchen Hokuspokus, einfach bloß mit originellen Rezepten und den dafür erforderlichen Zutaten!

Zauberstäbe

ZUTATEN
FÜR CA. 25 ZAUBERSTÄBE

250 g Mehl
½ Päckchen Trockenhefe
1 Prise Zucker
125 ml lauwarmes Wasser
2 EL Olivenöl
1 TL Salz
Getrocknete Kräuter, nach Wahl (z. B. Basilikum, Oregano, Thymian)

1. Das Mehl und die Trockenhefe in einer Schüssel vermischen. Zusammen mit allen übrigen Zutaten so lange verkneten, bis ein geschmeidiger Teig entsteht, der nicht mehr klebt und sich von allein von den Rändern der Schüssel zurückzieht. Bei Bedarf noch etwas mehr Mehl einarbeiten. Den Teig anschließend abgedeckt mit einem sauberen Küchentuch an einem warmen Ort 1 Stunde gehen lassen.
2. Derweil den Backofen auf 180 °C Ober-/Unterhitze vorheizen und zwei Backbleche mit Backpapier auslegen.
3. Den Teig nach dem Aufgehen noch einmal gründlich mit den Händen durchkneten und auf einer leicht mit Mehl bestreuten Arbeitsfläche mit einem Nudelholz möglichst dünn ausrollen. Mit einem scharfen Messer oder einem Pizzaschneider in schmale Streifen von ca. 1 cm Breite schneiden. Diese dann zu dünnen, ca. 25 cm langen Stäben rollen, mit etwas Abstand zueinander auf die vorbereiteten Backbleche legen und mit ein wenig Wasser bestreichen. Nach Belieben mit getrockneten Kräutern bestreuen.
4. Ca. 12–15 Minuten im vorgeheizten Ofen backen, dann herausnehmen und vollständig abkühlen lassen, damit die Zauberstäbe möglichst knusprig werden.

POLYJUICE POTION

Vielsafttrank

ZUTATEN
FÜR 1 VERWANDLUNG

Einige Eiswürfel
2 cl Blue Curaçao-Sirup (ohne Alkohol)
10 cl Orangensaft
10 cl Mineralwasser (mit Sprudel)
1 Minzstängel, als Garnitur (optional)

1. Einige Eiswürfel in ein Longdrinkglas geben. Den Blue Curaçao und den Orangensaft hinzufügen und mit dem Mineralwasser aufgießen. Langsam umrühren, damit sich alle Flüssigkeiten gut miteinander verbinden und der Drink einen satten Grünton annimmt.
2. Auf Wunsch mit einem frischen Minzstängel garnieren.

DOBBYS HAUSELFEN-TIPP: Um diesem Drink ein bisschen mehr Wumms zu verleihen, die alkoholfreie Blue Curaçao-Variante einfach durch die mit Alkohol ersetzen, 2 cl Wodka dazugeben und das Ganze anstatt mit Mineralwasser mit Sekt aufgießen!

Mürbeteig-Heuler

ZUTATEN
FÜR 5 HEULER

Für den Teig:

200 g kalte Butter, in kleinen Stücken

100 g Zucker

1 Spritzer Zitrone

1 Prise Salz

1 Ei

300 g Mehl

½ Päckchen Vanillezucker

50 g Sauerkirschkonfitüre

Für die Dekoration:

20 g Kuvertüre

Etwas Backkakao

5 schwarze Smarties

20 g roter Fondant

Außerdem erforderlich:

C6-Briefumschlag als Schablone

1. Die Butter, den Zucker, die Zitrone, das Salz, das Ei und den Vanillezucker in eine Schüssel geben und mit dem Knethaken eines Handrührgeräts durcharbeiten. Das Mehl durch ein Sieb dazugeben und zunächst mit den Knethaken, dann mit den Händen zügig zu einem glatten Teig verarbeiten. Den Teig in vier gleichgroße Stücke teilen, zu flachen »Ziegeln« formen, einzeln fest in Frischhaltefolie einwickeln und für mindestens 3 Stunden in den Kühlschrank geben.
2. In der Zwischenzeit einen C6-Briefumschlag vollständig auseinanderfalten; hierzu alle Ecken und Klebestellen lösen, bis der Umschlag wie ein einzelnes Blatt daliegt. Den Umschlag dann auf ein Stück Pappe legen, mit einem Filzstift die Umrisse nachziehen und ausschneiden, um eine solide Schablone für die Keksumschläge zu erhalten.
3. Den Backofen auf 170 °C Ober-/Unterhitze vorheizen. Ein Backblech mit Backpapier auslegen.
4. Den Teig 10 Minuten vor der weiteren Verarbeitung aus dem Kühlschrank nehmen. Die Arbeitsfläche mit etwas Mehl bestreuen und den Teig so dünn wie möglich zu einem Quadrat ausrollen. Die Schablone mittig auf den Teig legen und mit einem scharfen Messer die Konturen nachschneiden.
5. Mit dem Rücken eines großen Messers oder einer Teigkarte die Umschlagränder ein wenig eindrücken, sodass mittig ein Rechteck in Postkartengröße erkennbar ist. Diese eingedrückten Ränder bilden die »Knickstellen« und zeigen, wo genau der Teig umgeschlagen werden muss, damit am Ende alles ordentlich zusammenpasst. Mittig auf dem Rechteck gleichmäßig 1 TL Sauerkirschkonfitüre verstreichen. Dann den Umschlag »falten«. Hierzu zunächst die seitlichen Ecken umklappen, dann die untere und zum Schluss die obere, die alle anderen etwas überlappt.
6. Den Teigumschlag vorsichtig auf eine leicht mit Mehl bestäubte Arbeitsfläche legen und mit einer Winkelpalette glattstreichen. Genauso die übrigen Umschläge falten. Die Teigreste erneut verkneten und wie gehabt zu einem weiteren Umschlag formen. Die Umschläge mit genügend Abstand zueinander auf das Backblech legen und ca. 15–20 Minuten im vorgeheizten Ofen backen. Dann herausnehmen und vollständig abkühlen lassen.
7. Sind die Umschläge vollständig abgekühlt, über einem warmen Wasserbad etwas Kuvertüre schmelzen. Die Smarties mit einem scharfen Messer halbieren und je eine Hälfte als »Auge« mit etwas flüssiger Kuvertüre auf dem Umschlag befestigen. Aus rotem Fondant den Mund formen und ebenfalls mit Schokolade fixieren. Zu guter Letzt mit einem kleinen Pinsel und etwas Backkakao die Kanten abpudern, um die Konturen des Heulers noch mehr zu betonen.

Baby-Alraunen

ZUTATEN
FÜR 10 BABY-ALRAUNEN

Für die Muffins:

300 g Mehl
80 g Backkakao
1 TL Backpulver
1 TL Natron
1 Prise Salz
100 g weiche Butter
220 g Zucker
1 TL Vanilleextrakt
2 Eier
250 ml Buttermilch
150 g Zartbitterschokolade, gehackt

Für die Baby-Alraunen:

400 g Marzipanrohmasse
Etwas Backkakao, zum Bestäuben
20 Kräuterblätter (z. B. Basilikum, Minze)

Für das Schokofrosting:

150 g Frischkäse
15 g Puderzucker
1 gehäufter EL Backkakao

Außerdem erforderlich:

3 Muffin-Förmchen aus Papier,
10 kleine Tontöpfe

1. Die Tontöpfe 1 Stunde in Wasser einweichen. Passend große Kreise aus Backpapier ausschneiden und unten in die Töpfe legen, damit kein Teig ausläuft.

2. Den Backofen auf 200 °C Grad vorheizen. Das Mehl, den Kakao, das Backpulver, das Natron und das Salz in einer kleinen Schüssel miteinander vermischen. In einer separaten, größeren Schüssel die Butter, den Zucker und das Vanilleextrakt mit dem Handrührgerät aufschlagen. Nacheinander die Eier dazugeben und alles weiter schaumig schlagen. Die Buttermilch gründlich unterrühren.

3. Nun die trockenen Zutaten aus der kleineren Schüssel unter die Buttermischung heben. Genügend Teig für drei Muffins abnehmen und in Muffin-Förmchen geben. Die gehackte Schokolade unter den restlichen Teig heben und in die vorbereiteten Tontöpfe füllen. Die Töpfe und die Muffin-Förmchen 25 Minuten in den Ofen geben. Dann aus dem Backofen nehmen und vollständig abkühlen lassen. Anschließend aus den Förmchen lösen und in einer Schüssel zerbröseln.

4. Das Marzipan in 10 gleichgroße Stücke aufteilen und aus den einzelnen Stücken Alraunenwurzeln formen; die Unterseite dabei ein wenig abflachen. Den Alraunen nun etwas »Charakter« verleihen. Hierzu mit dem Messer kleine Rillen quer einritzen, mit dem Zahnstocher die Augen eindrücken und mit dem Löffel den Mund herausarbeiten. Anschließend mit einem Pinsel mit Kakao abpudern. Zuletzt mit dem Zahnstocher ein Loch in jeden »Alraunenkopf« piksen, in das man später die essbaren Blätter stecken kann. In den Kühlschrank stellen.

5. Den Frischkäse, den Puderzucker und einen gehäuften Esslöffel Backkakao in einer kleinen Schüssel vermengen und glattrühren. Die Oberseite der Muffins in den Tontöpfen großzügig mit diesem Frosting bestreichen, die Alraunen darauf »festkleben« und ringsum mit zerbröselter »Kuchenerde« dekorieren. Die Kräuterblätter in die zuvor gepiksten Löcher stecken und die bewundernden Blicke aller Muggel ernten, die dieser zauberhaften Geschöpfe ansichtig werden!

Herbeigezauberter Apfelstrudel

MIT ALKOHOL

**ZUTATEN
FÜR 1 APFELSTRUDEL
(CA. 8 PORTIONEN)**

5 saure Äpfel
50 g Butter
120 g Rosinen
100 g zarte Haferflocken
90 g Zucker
1 EL Zimt
1 Schuss Rum
2 Bögen TK-Blätterteig
Puderzucker, zum Verzieren

1. Die Äpfel waschen, abtrocknen und mit einem Spargelschäler vorsichtig so schälen, dass möglichst viel von der Schale an einem Stück (idealerweise als Spirale) abfällt. Die Schale beiseitelegen und die Äpfel in kleine Stücke schneiden.
2. Den Backofen auf 190 °C Umluft vorheizen.
3. Die Butter und die Rosinen bei geringer Hitze in eine Pfanne geben und gut durchschwenken. Ist die Butter geschmolzen, die Haferflocken, den Zucker und den Zimt hinzufügen. Dann die Apfelstückchen und den Rum mit in die Pfanne geben, alles gut vermischen und einige Minuten garen.
4. In der Zwischenzeit den Blätterteig ausrollen. Den ersten Bogen ausgerollt beiseitelegen; den zweiten für die Flechtverzierungen und die Röschen verwenden. Den Bogen hierzu parallel zur langen Seite in vier gleichgroße Streifen schneiden (ca. 3–4 cm breit).
5. Die Apfel-Rosinen-Masse aus der Pfanne nehmen und mittig in einer gleichmäßigen Bahn auf dem ersten Teigbogen verteilen. Den Teig dann an beiden Längsseiten und an den Enden einschlagen und andrücken, um die Rolle gut zu verschließen.
6. Aus drei der vier Teigstreifen Flechtbänder formen. Die drei Streifen hierzu in drei noch dünnere Streifen schneiden und daraus einen »Zopf« flechten. Die Flechtbänder anschließend behutsam um den Strudel wickeln und mit leicht angefeuchteten Fingern vorsichtig andrücken.
7. Jetzt den vierten Teigstreifen in drei schmalere Streifen schneiden, die dann wiederum in der Mitte geteilt werden, sodass sechs gleichgroße Streifen entstehen. Jeweils eine Apfelschale auf jeden dieser Streifen legen und daraus kleine Röschen rollen, die dann in regelmäßigen Abständen auf dem Strudel platziert werden. Den fertig verzierten Strudel ca. 20 Minuten in den vorgeheizten Ofen geben bzw. so lange, bis der Teig goldbraun gebacken ist. Aus dem Ofen nehmen, mit Puderzucker bestreuen und vor dem Anschneiden unbedingt 30 Minuten ruhen lassen!

Three
roomstick

Kreachers Zwiebelsuppe

ZUTATEN
FÜR 4 PORTIONEN

Abrieb von 1 Zitrone
½ Bund Petersilie, fein gehackt
3 EL Butterschmalz
1 kg Zwiebeln, in dünnen Ringen
4 Knoblauchzehen, fein gehackt
5 Zweige Thymian
1 Lorbeerblatt
1 EL Rohrzucker
1 l Gemüsebrühe
300 ml Weißwein
Salz, frisch gemahlener schwarzer Pfeffer

1. Den Zitronenabrieb in einer kleinen Schüssel mit der Petersilie vermengen und beiseitestellen.
2. In einem großen Topf bei starker Hitze das Butterschmalz schmelzen. Die Zwiebeln hineingeben und unter stetem Rühren ca. 5–10 Minuten dünsten, bis die Zwiebeln schön glasig und duftig sind. Dann die Hitze auf mittel reduzieren und den Knoblauch hineingeben; kurz anschwitzen. Nun den Thymian, das Lorbeerblatt und den Rohrzucker einrühren, mit der Gemüsebrühe und dem Weißwein aufgießen und sanft ca. 30 Minuten köcheln lassen.
3. Die Suppe mit Salz und Pfeffer würzen, auf tiefe Teller oder Schüsseln verteilen und mit der Zitronen-Petersilie-Mischung bestreuen. Mit geröstetem Baguette servieren.

Altbewährtes aus dem Drei Besen

Das Wirtshaus *Drei Besen* liegt an der Hauptstraße von Hogsmeade und wird seit Urzeiten von Madam Rosmerta betrieben. Schon Harrys Vater James und sein Onkel Sirius haben als Hogwarts-Schüler bei Madam Rosmerta ihr allererstes Butterbier genossen, und ungeachtet ihres fortgerückten Alters ist die Wirtin noch immer so attraktiv, dass Ron regelmäßig rote Ohren bekommt, wenn er bei ihr etwas zu trinken bestellt. Das *Drei Besen* ist stets gut besucht, und das nicht bloß von der Schüler- und Lehrerschaft der Zauberschule, sondern ebenso von den verschiedensten magischen Kreaturen wie z. B. Kobolden und Sabberhexen. Ja, sogar der Zaubereiminister Cornelius Fudge höchstselbst gehört zu den Stammgästen, was allerdings nicht weiter verwundert, schließlich hat das Lokal die beste Getränke-Auswahl weit und breit!

GULP & GUFFAW!
SIP & SHRIEK!
Pinnock's
GIGGLE WATER
AMERICA'S FAVORITE MERRYMAKING MELANGE
"LIQUID GLEE"
Produce of U.S.A.

Giggelwasser

MIT ALKOHOL

ZUTATEN
FÜR 6 SHOTS

9 cl Bourbon-Whiskey
3 cl Butterscotch-Likör
6 cl Apfelsaft
9 cl Champagner oder trockener Sekt
Zerstoßenes Eis

1. Den Bourbon, den Butterscotch-Likör und den Apfelsaft in einen Shaker mit etwas zerstoßenem Eis geben und 30 Sekunden lang kräftig schütteln.
2. Ohne das Eis gleichmäßig in sechs Shotgläser seihen und mit Champagner oder trockenem Sekt aufgießen.
3. Mit einem Zug herunterkippen.
4. Unkontrolliert loslachen!

DOBBYS HAUSELFEN-TIPP: Den Butterscotch-Likör kann man problemlos über das Internet beziehen – jedenfalls, sofern man volljährig ist. Und nein, falls nicht, hilft da auch kein Alterungstrank!

Three
Broomsticks
Gilly Water

Goldlackwasser

MIT ALKOHOL

ZUTATEN
FÜR 1 DRINK

5 cl Aprikosensaft
1 cl Apricot Brandy
Einige Eiswürfel
8 cl Sekt, halbtrocken oder trocken, eiskalt
Etwas essbares Blattgold, fein zerrupft

1. Den Aprikosensaft und den Apricot Brandy zusammen mit einigen Eiswürfeln in den Shaker geben und kräftig schütteln.
2. Die Mischung durch ein Barsieb in eine große Cocktailschale seihen, mit eiskaltem Sekt aufgießen und für den dramatischen Effekt etwas essbares Blattgold einrühren.

Alter Feuerwhiskey

MIT ALKOHOL

ZUTATEN
FÜR 2 DRINKS

Saft und Schale von 1 Zitrone
1 Zimtstange
4 Nelken
10 cl Scotch-Whiskey
2 EL Honig
1 Prise Muskatnuss
250 ml kochendes Wasser

1. Die Zitronenschale, die Zimtstange und die Nelken in einen großen Krug geben. Mit dem Zitronensaft und dem Whiskey aufgießen, den Honig hinzufügen und mit Muskatnuss würzen. Mit kochendem Wasser auffüllen und mit einem langen Löffel so lange verrühren, bis sich der Honig vollends aufgelöst hat. Bei Bedarf mit noch mehr Honig und Zitronensaft nachwürzen.
2. Durch ein Sieb in zwei hitzebeständige Gläser seihen und heiß servieren.

Mulled
Mead
SHIPPED AND BOTTLED IN LONDON
BY WIZARD BREWERIES

Warmer Würzmet

ZUTATEN
FÜR CA. 3 L WÜRZMET

750 ml Apfelsaft (naturtrüb)
2½ g Reinzuchthefe
2,5 l Wasser, abgekocht
1,5 kg Honig
2½ Tabletten Hefenährsalz (ca. 0,8 g)
25 g Johanniskraut
15 g Mädesüß
10 g Eisenkraut
1–2 ml Kieselsol (aus der Apotheke)

Außerdem erforderlich:
Gärballon (ca. 5 l) mit Gäraufsatz und Gummistopfen, Thermometer, Flaschen (zum Abfüllen)

1. Als erstes den Gärballon und alle weiteren Utensilien so gut wie möglich sterilisieren, entweder durch 10-minütiges Auskochen in heißem Wasser (falls Sie einen Topf haben, der groß genug dafür ist) oder durch gründliches Durchspülen mit lebensmittelechtem Desinfektionsmittel wie z. B. einer Sodalösung. Sorgsames Nachspülen mit klarem Wasser nicht vergessen!
2. Die Hefekultur ansetzen. Hierzu 250 ml Apfelsaft in ein steriles Glas gießen, vorsichtig die Hefe einrühren, abdecken und ca. 1½ Stunden an einen warmen Ort gehen lassen.
3. In der Zwischenzeit in einem großen Topf das Wasser abkochen. Dabei darauf achten, dass das Wasser anschließend wieder auf unter 25 °C abgekühlt, da die Hefe höhere Temperaturen nicht überlebt! Das Wasser dann zusammen mit dem Honig, dem restlichen Apfelsaft und dem Hefenährsalz in ein ausreichend großes Gefäß geben und gründlich verrühren. Anschließend die Hefekultur unterheben und am besten mit einem Trichter in den sterilen Gärballon füllen. Das Johanniskraut, das Mädesüß und das Eisenkraut mit hineingeben. Den Gärballon mit dem Gummistopfen verschließen und 4 Wochen an einem warmen Ort gären lassen; den Ballon in dieser Zeit mindestens einmal am Tag schwenken, damit sich die Hefe nicht absetzt.
4. Anschließend nochmals 4 Wochen gären lassen, in dieser Zeit jedoch nicht mehr schwenken! Dass die Gärung beendet ist, erkennt man daran, dass im Gärröhrchen keine Bläschen mehr aufsteigen. ERST JETZT (keinesfalls vorher!) den Gärballon öffnen und das Kieselsol hinzufügen, das dafür sorgt, dass die Hefe ausschlackt und zu Boden sinkt. Noch eine weitere Woche gären lassen, dann den Met durch ein feines Sieb in die sterilisierten Flaschen füllen. Luftdicht verschlossen ist der Met ca. 3 Monate haltbar.
5. Den Würzmet vor dem Genuss in einem Topf auf niedriger Stufe unter stetem Rühren erwärmen. In hitzebeständige Gläser oder Becher füllen und sofort servieren!

Danksagung

Genau, wie man gutes Essen und Trinken gemäß »Gamps Gesetz der elementaren Transfiguration« nicht aus Nichts herbeizaubern kann, produziert niemand – ganz gleich, ob Muggel oder Magier – ein Kochbuch wie dieses ganz allein. (Gut möglich, dass das eine weitere der fünf »Wesentlichen Ausnahmen« ist.) Tatsächlich haben zahlreiche unglaublich talentierte Menschen über Monate hinweg auch ohne Zauberkräfte wahre Wunder gewirkt, um dafür zu sorgen, dass Sie dieses Buch nun in den Händen halten.

Als da wären (in keiner bestimmten Reihenfolge): Jo Löffler & Holger »Holle« Wiest, meine »Dinos«, ohne die nichts so wäre, wie es ist; Roberts »Rob« Urlovskis, der ein ums andere Mal wie durch Magie die meisten (technischen) Probleme zeitnah aus der Welt geschafft hat; Thomas Gießl, der immer da ist, wenn man ihn braucht; Angelos »Das mach` ich in 3D« Tsirigotis, mein getreuer schwäbischer Grieche (oder griechischer Schwabe, je nachdem); Oskar »Ossi« Böhm & Annelies Haubold; der K-Clan mit Tobi, Andrea, Finja & Lea; Katharina »die einzig wahre Katze« Böhm; mein »Bruder von ´nem anderen Luder« Thomas B. nebst Anhang, für viele unvergessliche Momente; Ulrich »die Pest« Peste, aus denselben Gründen; Dimitrie Harder, der in vielen, vielen Stunden im Fotostudio zu einem echten Kumpel geworden ist; Thomas Stamm und seine wunderbare Frau Alexandra, für Wertschätzung, Unterstützung und Freundschaft; Karin Michelberger, Helge Wittkopp, Franz-Christoph Heel und die bezaubernde Hannah Kwella, die meine sporadischen E-Mail-Fluten mit stoischer Ruhe und augenzwinkerndem Humor erträgt; und nicht zuletzt meine wundervolle Familie, die mir einmal mehr die Zeit, die Kraft und die Freiheit geschenkt hat, ein großartiges Abenteuer wie dieses zu erleben.

Für alles, das Ihnen an diesem Buch gefällt, danken Sie diesen Menschen. Für alle inhaltlichen Mängel, fragwürdigen Formulierungen, fehlerhafte Mengenangaben und zu viel Selleriesalz hingegen dürfen Sie gern Asche auf mein ohnehin schon kahles Haupt streuen, vorzugsweise mittels folgender Social-Media-Kanäle:

Tom Grimm

Folgen Sie mir auf

- @tom.grimm.autor
- @tom.grimm.autor
- @tom_grimm_autor
- www.grinningcat.de

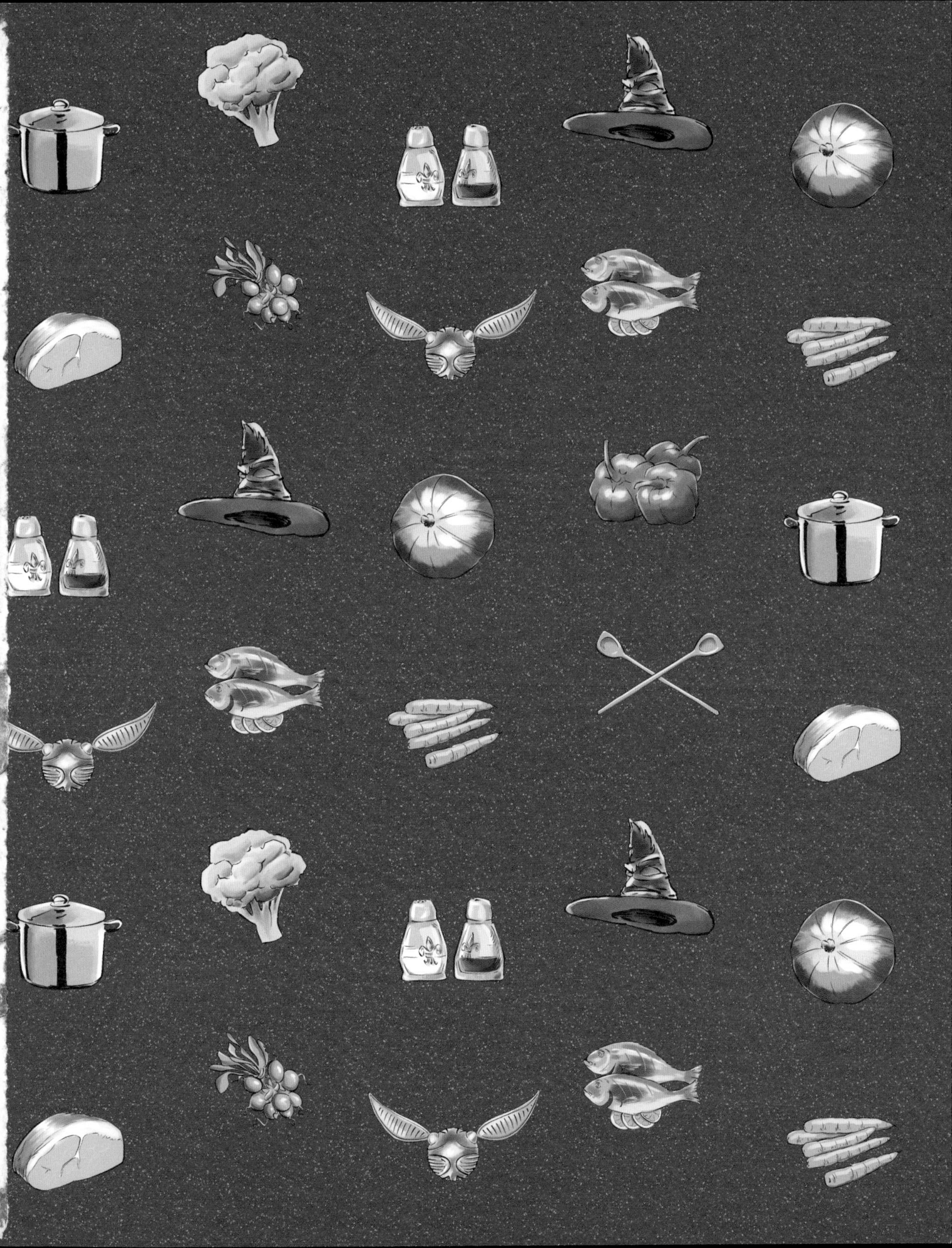